LA FAMILLE

DU

MARÉCHAL OUDINOT

SON CIMETIÈRE A BAR-LE-DUC

PAR

H. L'HUILLIER

LIEUTENANT-COLONEL EN RETRAITE

ILLUSTRÉ DE 9 GRAVURES HORS TEXTE

BAR-LE-DUC
IMPRIMERIE CONTANT-LAGUERRE

1912

LA FAMILLE

DU

MARÉCHAL OUDINOT

SON CIMETIÈRE A BAR-LE-DUC

IMPRIMERIE
CONTANT-LAGUERRE
LVX VITAM
BAR-LE-DUC

LA FAMILLE

DU

MARÉCHAL OUDINOT

SON CIMETIÈRE A BAR-LE-DUC

PAR

H. L'HUILLIER

LIEUTENANT-COLONEL EN RETRAITE

ILLUSTRÉ DE 9 GRAVURES HORS TEXTE

BAR-LE-DUC

IMPRIMERIE CONTANT-LAGUERRE

1912

LE MARÉCHAL OUDINOT.

Portrait peint, en 1811, par Robert Lefèvre
et dont l'original est au musée historique de Neuchâtel en Suisse.

Lieutenant-colonel L'HUILLIER

LA FAMILLE

DU

MARÉCHAL OUDINOT

SON CIMETIÈRE A BAR-LE-DUC

AVERTISSEMENT

Je crois bon d'exposer au lecteur les conditions dans lesquelles ce travail a pris naissance, s'est développé et est venu à recevoir une ampleur à laquelle j'étais loin de penser lorsque je l'entrepris.

Mon attention avait été appelée sur la concession du Maréchal Oudinot au cimetière de la ville de Bar-le-Duc.

Je n'eus primitivement d'autre vue que de connaître comment elle avait été créée, de relever les noms de ceux qui y reposaient ou dont la mémoire y était rappelée. Mais l'étude de ces deux points m'incita à rechercher aussi la composition de la famille du Maréchal.

Je parvins à réunir un certain nombre de renseignements

qui me parurent susceptibles d'intéresser ceux de nos compatriotes qui sont amoureux d'histoire locale. J'en tirai « une causerie », que je fis à la Société des Lettres, des Sciences et des Arts de Bar-le-Duc dans sa réunion du 7 juin 1911. Je la présentai sous ce titre, emprunté aux souvenirs inédits de la Duchesse de Reggio (1) : « *Le cimetière de la famille* » *du Maréchal Oudinot à Bar.*

L'étude de ce cimetière fut le sujet principal de ma communication; je ne donnai, sur la famille et sur la descendance du Maréchal, qu'un exposé succinct. Le bulletin mensuel de la Société, dans son numéro d'août-septembre 1911, en a publié un compte rendu.

Lorsque la Société eut à s'occuper de la publication du volume annuel de ses Mémoires, elle voulut bien retenir mon travail pour y être inséré.

Il y vient remanié et complété.

Répondant au désir de plusieurs confrères, j'ai donné plus de développement à l'exposé de la descendance du Maréchal, utilisant davantage les notes que j'avais recueillies, et profitant de documents qui me sont venus postérieurement. En outre, je me suis occupé de l'ascendance du Maréchal sur laquelle j'étais fort peu documenté et qui me paraissait peu connue des personnes à qui j'en parlais; j'ai trouvé, la concernant, des renseignements très intéressants que j'ai fait entrer dans le tableau généalogique de sa famille.

Ce tableau est devenu suffisamment important pour ne plus rester, comme dans ma première communication, une annexe à mon étude sur « le cimetière de la famille » du Maréchal. Aussi, il m'a paru utile et nécessaire de l'en détacher et de constituer, avec lui, dans le travail que je présente aujourd'hui, une partie spéciale et distincte.

(1) *Le Maréchal Oudinot, duc de Reggio, d'après les souvenirs inédits de la Maréchale*, par Gaston Stiegler. Paris, librairie Plon, 1894.

Les recherches, que j'ai dû faire, m'ont amené à frapper à bien des portes. J'ai consulté de nombreux papiers dans des archives publiques et privées ainsi que les registres paroissiaux de plusieurs localités. Partout, j'ai été gracieusement accueilli et je me fais un devoir de remercier ici tous ceux qui m'ont aidé en me facilitant l'examen des documents dont ils avaient la garde ou la possession.

J'adresserai, également ici, un remerciement tout particulier à Mme Emmanuel Bocher, à M. le comte de Vésins, à M. le baron de Nexon et à M. le vicomte de Broc, qui ont bien voulu examiner les essais de généalogie intéressant les branches particulières de la descendance du Maréchal auxquelles ils appartiennent et me les renvoyer avec leur approbation et leurs annotations. Je remercie encore M. David, ancien sous-préfet, demeurant à Nancy, qui m'a documenté sur la famille de Lorencez à laquelle son fils est allié.

Le présent travail comprend deux parties :

1re PARTIE. — *Le cimetière de la famille du Maréchal Oudinot à Bar-le-Duc.*

2e PARTIE. — *La famille du Maréchal Oudinot : ascendants et descendants.*

Avril 1912.

H. L'HUILLIER.

ABRÉVIATIONS

= A épousé.
† Décédé.

Arch. Meuse......	Archives départementales de la Meuse.
Arch. mun. Bar...	Archives municipales de Bar-le-Duc.
Arch. hosp. Bar...	Archives de l'hospice de Bar-le-Duc.
Arr.............	Arrondissement.
Ch.-l. d'arr.......	Chef-lieu d'arrondissement.
Cant............	Canton.
Ch.-l. de c.......	Chef-lieu de canton.
Com.............	Commune.

PREMIÈRE PARTIE

LE CIMETIÈRE DE LA FAMILLE DU MARÉCHAL OUDINOT A BAR-LE-DUC

Parmi les concessions privées qui existent au cimetière de Bar-le-Duc, il en est une qui, tant par son étendue que par la haute situation du chef de la famille qui y a ses tombes, appelle l'attention du visiteur. *C'est celle du Maréchal Oudinot.*

Elle est placée dans la partie ouest du cimetière, au pied du mur d'enceinte, et elle présente une superficie sensiblement carrée, sur 8 mètres environ de côté. Elle est entourée de murs assez élevés, celui du fond n'étant autre qu'une partie exhaussée du mur d'enceinte. Ceux latéraux sont extérieurement bordés de haies de thuyas et le quatrième, qui fait face à l'intérieur du cimetière, offre en son milieu, pour donner accès dans la concession, une large baie que ferme une forte grille en fer. Ce dernier mur est surmonté d'un fronton triangulaire au milieu duquel sont, en relief, les armes du Maréchal; à sa partie inférieure, on lit ces mots, gravés par moitié de chaque côté de la grille : « CONCESSION A PERPÉTUITÉ ».

Cette concession est à 50 mètres de la porte sud du cimetière. On en remarque immédiatement, en entrant, au-dessus de la bordure de thuyas, le fronton de son mur antérieur.

Si, à travers les barreaux de la grille, on jette les yeux dans l'enceinte, on voit : sur le sol, plusieurs pierres tombales;

adossé au mur du fond, un monument funéraire surmonté d'une croix qui dépasse ce mur de toute sa hauteur; à droite et à gauche du monument, ainsi que sur les murs latéraux, de nombreuses plaques mortuaires. On a l'impression d'être en présence d'une petite nécropole et il vient à l'esprit ces différentes questions :

Quels sont donc ceux qui dorment, là, leur dernier sommeil ou dont on a voulu perpétuer la mémoire par toutes ces plaques mortuaires?

Quel est le degré de parenté de chacun d'eux avec le Maréchal Oudinot?

Tous les descendants du Maréchal sont-ils là ou la mémoire de tous y est-elle rappelée?

Ces questions, je me les suis posées. Ce sont les résultats de mes recherches pour y répondre, qui font l'objet de la présente communication.

I

Premier cimetière du Maréchal.

Mais, tout d'abord, à quelle époque cette concession a-t-elle été créée?

Le cimetière actuel de Bar n'est que de date relativement récente, ainsi que le fait connaître l'inscription gravée à droite et à gauche de ses portes d'entrée :

ANNO DOMINI MDCCCXXXXX

Le Maréchal Oudinot était mort depuis 1847. Comme la duchesse de Reggio vint fixer sa résidence à Bar qu'elle ne quitta plus, on pourrait être porté à voir en elle la fondatrice de cette nécropole; il n'en est rien. Elle n'a fait qu'autoriser, et encore en 1857 seulement, le transfert, dans la concession actuelle, d'un cimetière particulier, situé ailleurs, qui appartenait en propre au Maréchal.

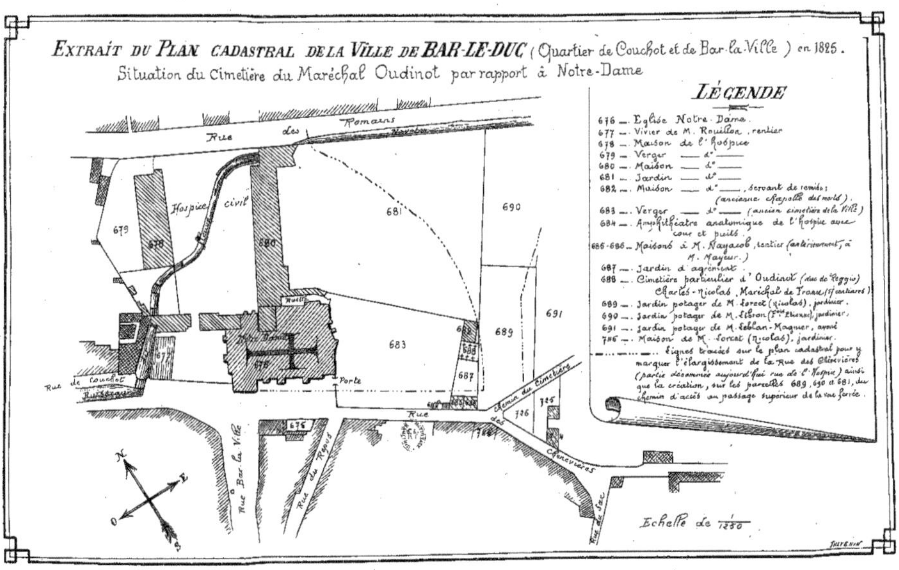
EXTRAIT DU PLAN CADASTRAL DE LA VILLE DE BAR-LE-DUC (Quartier de Couchot et de Bar-la-Ville) en 1825.
Situation du Cimetière du Maréchal Oudinot par rapport à Notre-Dame
LÉGENDE
676 — Eglise Notre-Dame.
677 — Vivier de M. Rouillon, rentier
678 — Maison de l'hospice
679 — Verger — d° —
680 — Maison — d° —
681 — Jardin — d° —
682 — Maison — d° —, servant de remises (ancienne chapelle des morts).
683 — Verger — d° — (ancien cimetière de la Ville)
684 — Amphithéatre anatomique de l'hospice avec cour et puits.
685-686 — Maisons à M. ..., rentier (antérieurement, à M. Mayeur.)
687 — Jardin d'agrément.
688 — Cimetière particulier d'Oudinot (duc de Reggio) Charles-Nicolas, Maréchal de France (15 centiares)
689 — Jardin potager de M. Forcet (Nicolas), jardinier.
690 — Jardin potager de M. ...
691 — Jardin potager de M. ...
786 — Maison de M. Forcet (Nicolas), jardinier.
Lignes tracées sur le plan cadastral pour y marquer l'élargissement de la Rue des Chènevières (partie dénommée aujourd'hui rue de l'Hospice) ainsi que la création, sur les parcelles 689, 690 et 681, du chemin d'accès au passage supérieur de la voie ferrée.
Rue des Romains
Hospice civil
Notre-Dame
Porte
Rue de Couchot
Rue Bar-la-Ville
Rue du Regard
Rue des Chènevières
Chemin du Cimetière
Rue du Sac
N
E
O
S
Echelle de 1/1250

Dans ses souvenirs inédits (1), la duchesse de Reggio signale ce premier cimetière. Après avoir exposé qu'un des fils de son mari, Auguste Oudinot, colonel du 2e régiment de chasseurs d'Afrique, avait été tué le 26 juin 1835 à Moulé Ismain (2), dans un combat d'avant-garde contre les Arabes, et que le fils aîné, le général Victor Oudinot, avait aussitôt demandé à prendre un commandement actif en Algérie, elle ajoute : « Non seulement le général Oudinot voulait venger son frère, mais il s'était promis de rechercher sa dépouille mortelle et de la rapporter à nous, qui lui préparions une place *dans le cimetière de la famille* ».

Où était donc ce premier cimetière de la famille du Maréchal Oudinot?

Le plan cadastral de la ville, qui date de 1825, m'a renseigné. Il montre, à la section B, quartier de Couchot et de Bar-la-Ville, sous le n° 688, une parcelle de terrain, entourée de murs, d'une contenance de 57 centiares, sur laquelle de petites croix sont dessinées et que la matrice cadastrale dénomme : « *Cimetière particulier de Oudinot* (*duc de Reggio*) *Charles-Nicolas, Maréchal de France* ».

Cette parcelle avait été achetée, le 22 mai 1810, le jour même de la mort de Françoise-Charlotte Derlin, première femme du Maréchal. Elle fut choisie touchant, « au Nord », le cimetière paroissial, « le grand cimetière », que la ville avait, à cette époque, « derrière l'église Notre-Dame au point où s'élève à présent le presbytère et au-delà encore » (3).

L'acquisition en fut faite (4), « par devant Me Jean Pierre et son collègue, notaires impériaux à la résidence de Bar-sur-Ornain », sur M. Jean Mayeur fabricant de toiles de coton, au nom de « son Excellence Monseigneur Nicolas-Charles Oudinot,

(1) G. Stiegler, *Le Maréchal Oudinot, op. cit.*, p. 525.

(2) Province d'Oran : à 12 lieues environ de la ville de ce nom.

(3) Konarski, *Bar-le-Duc et le Barrois*, p. 101. « Grand cimetière » par rapport au « petit cimetière » qui se trouvait, au commencement du XVIIe siècle, au nord de l'Église, « sur l'emplacement du square créé depuis peu devant l'entrée principale de l'hospice ».

(4) Arch. mun. Bar. Dossier du cimetière.

Maréchal d'Empire, grand-aigle de la Légion d'honneur, chevalier de la Couronne de fer, commandant de l'ordre de St-Henry de Saxe, président à vie du collège électoral du département de Seine-et-Oise, commandant en chef l'armée Gallo-Batave, domicilié à Bar », par « M. Charles-Jean-Baptiste Henrionnet propriétaire, membre du collège électoral et du conseil général du département de la Meuse, aussi demeurant en cette ville » et grand ami du Maréchal. Celui-ci « était alors en Hollande, chargé d'une importante mission à la fois militaire et diplomatique » (1).

Le terrain, dit l'acte de vente, « contient environ quarante centiares d'une dimension carrée dans œuvre, dont chaque côté a pour mesure celle de l'ancienne chapelle des morts (2) à l'aspect du couchant; il tient au nord le cimetière de cette ville, au levant ladite ancienne chapelle des morts, au midi le sieur Lorcet, jardinier, au couchant le vendeur ». Il fut stipulé que l'entrée en jouissance serait du jour même, « à charge par l'acquéreur de construire un mur de séparation, séparatif du terrain ainsi vendu avec le vendeur, lequel sera mitoyen avec l'une et l'autre des parties». La vente était faite « moyennant la somme principale et pour toutes choses de trois cents francs qui ont été payés comptant par ledit M. Henrionnet au vendeur ».

La parcelle cédée était prélevée sur « le jardin d'agrément » attenant, du côté du levant, à la maison du vendeur. Celle-ci était en bordure de la rue des Chènevières dans sa partie très rétrécie, voisine de l'Église Notre-Dame (aujourd'hui dénommée rue de l'Hospice), et à proximité du point où s'y embranchait le chemin du Pont Triby.

(1) G. Stiegler, *Le Maréchal Oudinot*, *op. cit.*, p. 112.

(2) Le bâtiment de « cette ancienne chapelle des morts » s'élevait, à environ 218 pieds (73 mètres), au sud-est de l'abside de Notre-Dame, en dehors du cimetière de la ville. Il s'appuyait, par un côté, sur le mur de ce cimetière, près de son angle sud-est; il touchait par un autre, regardant vers le levant, le jardin potager de l'hospice sur lequel donnait sa porte d'entrée. Désaffecté depuis longtemps, il appartenait à l'hospice et lui servait de remise; il ne fut démoli qu'à la fin de l'année 1857 (Arch. hosp. de Bar. Au sujet de l'ancienne chapelle des morts, voir Bellot-Herment, *Historique de la ville de Bar-le-Duc*, p. 229 et 230., Konarsky, *op. cit.*, p. 102).

Le corps de Françoise-Charlotte Derlin fut inhumé dans le terrain ainsi acquis, qui devint dès lors le cimetière particulier de la famille du Maréchal Oudinot. Un monument, faisant face à l'Église Notre-Dame, fut élevé à sa mémoire.

A cette époque de 1810 le cimetière de Bar-le-Duc, au sud de Notre-Dame et à proximité des bâtiments de l'hospice, devenait insuffisant pour sa population. De plus, il donnait lieu à des protestations de la part des médecins et des voisins; car, de ces terres trop fréquemment remuées, il s'échappait des émanations délétères, qui incommodaient les habitants. Sa désaffectation fut décidée et, à la date du 20 février 1813, il fut interdit et fermé. La ville en céda le terrain à l'hospice qui l'utilisa pour l'agrandissement de ses jardins.

Un autre cimetière avait été établi, hors la ville, *aux Chènevières*.

Quant au cimetière du Maréchal, il resta là où il avait été créé, comme le fait ressortir le plan cadastral de 1825. On ne pouvait y accéder qu'en passant par l'hôpital et en traversant tous ses jardins. En 1853, une porte de service (1), ménagée dans un nouveau mur de clôture des jardins, le long de la rue de l'Hospice (antérieurement rue des Chènevières), et placée en face d'une allée passant devant le monument funéraire, permit de s'y rendre plus facilement et plus directement.

On continua à y enterrer. En 1855, le corps du général Guillaume de Lorencez, gendre du Maréchal, y était encore inhumé; mais « seulement par tolérance, fait connaître la lettre préfectorale d'autorisation, à la condition que la fosse sera creusée à la profondeur de trois mètres au moins ». Lorsque ce lieu de repos fut à son tour désaffecté, dans les conditions qui seront exposées au paragraphe II, son terrain fut réuni à celui des jardins de l'hospice.

Des transformations successives se sont produites, avec les temps, autour de l'église et la situation des lieux n'est plus du tout celle qu'offre aux yeux le plan cadastral de 1825. Les

(1) C'est celle qui existe encore aujourd'hui près de la maison nº 7 de la rue de l'Hospice.

plus importantes ont été occasionnées par le tracé de la ligne ferrée de Paris à Strasbourg qui, soit dit en passant, a amené aussi la désaffectation du cimetière des Chènevières et a obligé la ville à en créer de nouveau un autre, le cimetière actuel.

En 1852, pour avoir une voie facile d'accès du quartier de Couchot à la gare, la rue des Chènevières fut élargie dans sa partie, voisine de l'Église Notre-Dame, qui a reçu, de ce moment, le nom de « rue de l'Hospice ». L'élargissement fut obtenu par la démolition des maisons qui s'y trouvaient en bordure à l'est et par un prélèvement de terrains sur les jardins de l'hôpital. Une maison fut reconstruite, sur le côté est de la nouvelle rue, dans « le jardin d'agrément » sur lequel avait été prélevé le terrain vendu en 1810 au Maréchal et devenu le cimetière de sa famille. C'est celle qui porte aujourd'hui le n° 7 de la rue de l'Hospice.

En 1854, pour la construction du presbytère de Notre-Dame, la ville diminuait encore l'étendue des jardins de l'hôpital en lui achetant partie de ceux qui avaient été créés sur l'ancien « grand cimetière ».

Enfin, en 1903, longtemps après la désaffectation du cimetière particulier du Maréchal, le doublement de la ligne ferrée et la création du chemin, qui va de la rue de l'Hospice au passage supérieur de la ligne ferrée, enlevaient encore à l'hôpital une autre partie de ses jardins, et de nouveaux murs étaient élevés pour enclore les dépendances qui lui restaient.

Je me suis demandé ce qu'était devenu, à la suite de ces transformations, le terrain qui avait été propriété du Maréchal Oudinot et cimetière de sa famille.

Diverses lignes, portées au crayon sur le plan cadastral pour y marquer le tracé de la voie ferrée et celui du chemin d'accès au passage supérieur, montrent que les différents travaux exécutés en ont laissé intact l'emplacement et que ce terrain fait toujours partie intégrante des jardins de l'hospice. Il m'a paru intéressant d'en vérifier sur place l'exactitude.

A cet effet, je me suis rendu à l'hôpital. J'eus le bonheur d'y trouver un Barrisien, vieillard de 80 ans, qui avait connu l'ancien Couchot et avait vu le premier cimetière du Maréchal. Il fut mon guide.

Il me conduisit dans les jardins de l'établissement, au sud de Notre-Dame, et il me mena droit dans l'angle formé par le mur nord-est de la maison n° 7 de la rue de l'Hospice et le mur sud-est des jardins. « Le cimetière du Maréchal était là, me dit-il. Il me semble le voir encore; il était de forme carrée. Le portail avec un fronton triangulaire faisait face à l'Église; au fond contre le mur de clôture, était un monument dont la croix le dépassait de toute sa hauteur. Le tout était comme cela est aujourd'hui au cimetière de la ville ».

Pendant qu'il causait, j'examinais les lieux tout en réfléchissant. Le terrain, sur lequel j'avais été amené, était en dehors de la limite « sud » de l'ancien « grand cimetière ». Il tenait « au couchant » à la maison n° 7 de la rue de l'Hospice comme autrefois le cimetière du maréchal avait tenu « au jardin d'agrément » sur le terrain duquel cette maison avait été élevée. Sa situation correspondait à celle que le plan cadastral donnait à la parcelle n° 688 représentant ce dernier cimetière. Enfin la similitude de ce que le vieillard avait vu en cet endroit avec ce qui existe dans la concession actuelle était vraisemblable; elle était la conséquence d'une condition posée par la Maréchale pour accepter la translation du cimetière de sa famille. Ces réflexions m'amenaient à la conviction que j'étais bien, comme le déclarait mon guide, sur l'emplacement recherché lorsque je remarquai, sur le mur de séparation avec la maison voisine, le logement d'une plaque mortuaire, à la forme et aux dimensions de celles qui sont dans la concession actuelle. De longues lignes droites, tracées diagonalement en creux sur le mur, donnaient la preuve que l'on n'était pas en présence de pierres récemment rapportées, que le mur était contemporain de l'ancien cimetière du Maréchal. S'il n'était pas celui que le Maréchal avait été tenu, aux termes du contrat d'achat de son terrain, d'élever pour le séparer de son vendeur, il avait été construit, sans doute possible, avant la désaffectation de son cimetière. Étant mur mitoyen, il avait pu être réédifié en même temps que la maison voisine était construite; alors c'était à 1852 au moins qu'il remontait. A cette date, le cimetière du Maréchal était toujours au chevet de Notre-Dame; et il avait encore à y rester cinq ans. En 1855, comme je l'ai dit plus haut, on y déposait les restes mortels du général de Lorencez; le logement vide dans le mur était peut-être celui de sa plaque mortuaire?

Ma dernière remarque affirma ma conviction. Le terrain de l'ancien cimetière du Maréchal n'avait pas été touché par les transformations du voisinage; il restait bien tout entier dans les jardins de l'hospice. Il s'étendait au pied du mur nord-est de la maison n° 7 de la rue de l'Hospice, mais il n'allait pas jusqu'au mur sud-est actuel des jardins; sa profondeur était égale à la longueur du mur de cette maison n° 7.

II

Concession actuelle au cimetière de la ville.

Ce fut en 1857 que « le cimetière particulier du Maréchal » fut établi dans la concession actuelle du cimetière de la ville, après entente entre la duchesse de Reggio propriétaire du terrain, l'administration de l'hospice et la municipalité.

A la date du 15 juin 1857 la Maréchale écrivait à la municipalité (1) :

Monsieur le Maire,

Désirant assurer, dans des conditions aussi définitives que possible, les sépultures que mon mari avait fait préparer pour sa famille, je viens, au nom de ses membres, vous prier de leur faire concéder dans le cimetière de la ville, un terrain en échange duquel serait abandonné à l'hospice le cimetière qui se trouve aujourd'hui dans les jardins de cet établissement.

En ne demandant que l'équivalent du terrain qu'elle céderait, la famille espère que son monument, fondé par le Maréchal, serait transporté par les soins de l'administration et avec le moins de changement possible.

(1) Arch. mun. Bar. Dossier du cimetière.

De son côté la commission administrative de l'hospice fit à la ville la proposition de lui acheter 66 mètres carrés de terrain au nouveau cimetière, à 10 francs le mètre carré, — au lieu de 36 francs, prix normal(1) — ajoutant que « cette concession serait donnée à la famille du Maréchal en échange de son cimetière actuel par l'hospice qui se chargerait en outre de la translation des corps et des tombes, de la démolition et de la reconstruction des murs d'enceinte de ce cimetière ».

Par délibération du 24 juin 1857, le conseil municipal accepta les propositions de la commission administrative de l'hospice et sans délai, « le cimetière de la famille » du Maréchal Oudinot fut reconstitué, là où on le voit aujourd'hui, tel qu'il était dans les jardins de l'hospice, avec le même portail et son fronton triangulaire (2).

Les restes mortels de ceux qui reposaient dans le terrain

(1) 10 francs étaient le prix que la ville avait payé à l'hospice les terrains, venant de l'ancien cimetière, qu'elle lui avait achetés pour la construction du presbytère et son jardin.

(2) Un contrat, dressé en date du 23 octobre 1857, en l'étude de Me Demange, notaire à Bar-le-Duc, régla toutes les conditions des vente et échange de terrains auxquels donna lieu le transfert du cimetière du Maréchal Oudinot (Arch. hosp. Bar). Il contient, à ce sujet, les stipulations suivantes :

« 1o Le terrain, qui vient d'être cédé à Madame la Maréchale dans le nouveau cimetière, servira de lieu de sépulture à Madame la Maréchale, aux héritiers de M. le Maréchal, à toute leur descendance en ligne directe et collatérale et à leurs conjoints à perpétuité.

» Il recevra en outre les exhumations dont il va être question.

» 2o L'hospice fera exhumer de l'ancien cimetière de la famille de M. le Maréchal et inhumer, dans le nouvel emplacement, toutes les dépouilles qu'il peut contenir.

» Il fera rétablir les murs et monuments tels qu'ils existent.

» Le tout à ses frais et sous la direction d'un délégué de Madame la Maréchale.

» 3o Les parties feront et disposeront des biens ci-dessus désignés comme de chose leur appartenant en toute propriété à partir du jour où les présentes seront approuvées par l'autorité compétente.

» 4o Elles supporteront les charges de toute espèce auxquelles peuvent être assujettis les biens qui sont devenus leur propriété à compter du jour de la dite approbation et satisferont aux lois et règlements qui régissent ces désaffecté, le monument funéraire, les pierres tombales et les plaques mortuaires, qui s'y trouvaient, furent transportés dans la nouvelle concession.

III

Ceux qui reposent dans le cimetière.

Connaissant les origines de la concession de la famille du Maréchal Oudinot, entrons maintenant dans son enceinte.

On y compte dix pierres tombales, placées sur quatre lignes parallèles aux murs latéraux; cinq sont avec épitaphe et cinq sans aucune inscription.

Le monument adossé au mur du fond porte deux plaques mortuaires : l'une, à la mémoire de Françoise-Charlotte Derlin, première épouse du Maréchal, pour qui le monument a été élevé; l'autre, à celle du Maréchal lui-même. A sa droite, ainsi qu'à sa gauche, se voient deux plaques mortuaires pour leurs deux fils et le père de chacun des deux époux.

Sur le mur de droite, se trouvent huit plaques mortuaires dont trois concernent la famille du Général de Lorencez et cinq celle de M. Poriquet. Le premier fut gendre et le second beau-frère du Maréchal et de Françoise-Charlotte Derlin.

Sur le mur de gauche, dix plaques mortuaires, toutes intéressant la famille d'Eugénie de Coucy, deuxième femme du Maréchal.

Ainsi par les groupements, qui ont été faits de ces plaques, on a marqué des divisions bien nettes dans la famille du Maréchal. L'examen des inscriptions gravées sur chacune d'elles permet d'établir la situation, par rapport au chef de la famille, de chacune des personnes dont elle consacre le souvenir. En voici le relevé :

natures de propriété; le tout sans que les échangistes puissent exercer de recours l'un contre l'autre, ni contre la ville de Bar ».

Le préfet de la Meuse donna son approbation à ce contrat, à la date du 5 novembre 1857.

Cl. Hettel.

LE CIMETIÈRE DE LA FAMILLE DU MARÉCHAL OUDINOT.
Façade du monument.

Cl. Rettel.

LE CIMETIÈRE DE LA FAMILLE DU MARÉCHAL OUDINOT.
Intérieur du monument.

INDICATION des plaques.	INSCRIPTIONS SUR LES PLAQUES.	DEGRÉ DE PARENTÉ avec le Maréchal.
	A. — Mur du fond.	
Monument.	Les deux plaques mortuaires qui se trouvent sur le monument, adossé à ce mur, sont l'une au-dessus de l'autre; la supérieure, rectangulaire, est dans le milieu du monument.	
1re plaque.	CI-GIT MADAME FRANÇOISE-CHARLOTTE DERLIN, ÉPOUSE DE M. NICOLAS-CHARLES OUDINOT, DUC DE REGGIO, MARÉCHAL D'EMPIRE, ETC. DÉCÉDÉE A BAR-LE-DUC LE 22 MARS 1810, AGÉE DE 41 ANS. PRIEZ DIEU POUR LE REPOS DE SON ÂME.	1re femme du Maréchal Oudinot.
2e plaque, au-dessous de la précédente.	A LA MÉMOIRE DE NICOLAS-CHARLES OUDINOT, DUC DE REGGIO, MARÉCHAL DE FRANCE. SES CENDRES REPOSENT SOUS LE DÔME DES INVALIDES.	Le chef de la famille.
A gauche du monument. *3e plaque.*	A LA MÉMOIRE DE VICTOR-NICOLAS OUDINOT, DUC DE REGGIO, GÉNÉRAL DE DIVISION, GRAND CROIX DE L'ORDRE IMal DE LA LÉGION D'HONNEUR, COMMANDEUR DE L'ORDRE MILre DE SAINT-LOUIS, GRAND CROIX DE L'ORDRE DE PIE IX, GRAND OFFICIER DU NICHAN DE TUNIS, CHEVALIER DE L'ORDRE DE LA RÉUNION, GÉNÉRAL EN CHEF DU CORPS EXPÉDITIONNAIRE DE LA MÉDITERRANÉE EN 1849 (SIÈGE ET PRISE DE ROME). PRIEZ POUR LUI.	Fils aîné du Maréchal et de Françoise-Charlotte Derlin.

INDIGATION des plaques.	INSCRIPTIONS SUR LES PLAQUES.	DEGRÉ DE PARENTÉ avec le Maréchal.
4e plaque.	CI-GIT FRANÇOIS-MAURICE DERLIN, DÉCÉDÉ LE 9 JUILLET 1815, AGÉ DE 84 ANS. REQUIESCAT IN PACE.	Père de François-Charlotte Derlin; beau-père du Maréchal.
A droite du monument. *5e plaque.*	A LA MÉMOIRE DU COMTE AUGUSTE OUDINOT, COLONEL DU 2e CHASSEURS D'AFRIQUE, TUÉ A LA TÊTE DE SON RÉGIMENT, LE 26 JUIN 1835. PRIEZ DIEU POUR LUI.	2e fils du Maréchal et de Françoise-Charlotte Derlin.
6e plaque.	CI-GIT NICOLAS OUDINOT, PROPRIÉTAIRE, DÉCÉDÉ A BAR-LE-DUC, LE 12 JUILLET 1814, AGÉ DE 84 ANS. REQUIESCAT IN PACE.	Père du Maréchal.

B. — Mur de droite.

1° de droite à gauche : famille de Lorencez; trois plaques mortuaires sur une seule ligne.

7e plaque.	CI-GIT MADAME NICOLETTE OUDINOT DE REGGIO, COMTESSE DE LORENCEZ, DÉCÉDÉE LE 9 AVRIL 1865. PRIEZ POUR ELLE!	Fille du Maréchal et de Fr.-Charl. Derlin.

INDICATION des plaques	INSCRIPTIONS SUR LES PLAQUES.	DEGRÉ DE PARENTÉ avec le Maréchal.
8e plaque.	CATHERINE-MARIE-ADÈLE LATRILLE DE LORENCEZ, NÉE LE 25 NOVEMBRE 1859, A BOURBONNE, MORTE LE 7 MAI 1860, A VESOUL.	Fille du second général de Lorencez; arrière-petite-fille du Maréchal.
9e plaque.	GUILL. LATRILLE COMTE DE LORENCEZ, GÉNÉRAL DE DIVISION, GRAND OFFICIER DE LA LÉGION D'HONNEUR, COMMANDEUR DE L'ORDRE ROYAL ET MILITAIRE DE SAINT-LOUIS, CHEVALIER DE LA COURONNE DE FER, NÉ A PAU LE 21 AVRIL 1772, MORT A BAR-LE-DUC LE 1er 8bre 1855. PRIEZ DIEU POUR LUI.	Gendre du Maréchal et de Françoise-Charlotte Derlin; époux de Nicolette Oudinot.
	2° de gauche à droite : famille Poriquet; cinq plaques mortuaires sur deux lignes.	
Ligne supérieure. *10e plaque.*	CI-GIT JOSEH PORIQUET, INSPECTEUR DES POSTES, CHEVALIER DE LA LÉGION D'HONNEUR, DÉCÉDÉ LE 11 JANVIER 1823, A L'AGE DE 61 ANS. REQUIESCAT IN PACE.	Époux de la sœur de Françoise-Charl. Derlin; beau-frère du Maréchal;
11e plaque.	CI-GIT Me SCHOLASTIQUE DERLIN, ÉPOUSE DE JOSEPH PORIQUET, DÉCÉDÉE LE 17 AOUT 1834, DANS SA 64e ANNÉE. PRIEZ DIEU POUR ELLE.	Sœur de Françoise-Charlotte Derlin; belle-sœur du Maréchal.

INDICATION des plaques.	INSCRIPTIONS SUR LES PLAQUES.	DEGRÉ DE PARENTÉ avec le Maréchal.
12e plaque.	CI-GIT ÉMILE-VICTOR PORIQUET, LEUR FILS, DIRECTEUR DES POSTES A VALENCIENNES, DÉCÉDÉ LE 9 X^{bre} 1835, DANS SA 41e ANNÉE. UN DE PROFUNDIS.	Fils des époux précédents; neveu du Maréchal.
Ligne supérieure. *13e plaque.*	CI-GIT MARIE-CLAIRE-CHARLOTTE DE FIENNES ÉPOUSE DE ÉMILE-VICTOR PORIQUET DÉCÉDÉE A VERSAILLES LE 27 $SEPT^{bre}$ 1888 A L'AGE DE 79 ANS. REQUIESCAT IN PACE.	Nièce par alliance du Maréchal.
14e plaque.	CI-GIT MARIE-CLAIRE-HÉLÈNE PORIQUET 1832-1910 REQUIESCAT IN PACE	Fille des époux précédents; petite-nièce du Maréchal.

C. — Mur de gauche.

famille de la deuxième duchesse de Reggio. — de gauche à droite : les plaques mortuaires sont sur deux lignes.

INDICATION des plaques.	INSCRIPTIONS SUR LES PLAQUES.	DEGRÉ DE PARENTÉ avec le Maréchal.
Ligne inférieure. *15e plaque.*	CI-GIT EUGÉNIE DE COUCY, MARÉCHALE OUDINOT, DUCHESSE DE REGGIO, NÉE AU CHATEAU DE MERÇUAY (H^{te}-SAONE) LE 11 JUILLET 1791. DÉCÉDÉE A BAR-LE-DUC LE 20 AVRIL 1868. PRIEZ POUR ELLE !...	2e femme du Maréchal.

INDICATION des plaques.	INSCRIPTIONS SUR LES PLAQUES.	DEGRÉ DE PARENTÉ avec le Maréchal.
16e plaque.	A LA MÉMOIRE DE VICTOR OUDINOT DE REGGIO, NÉ A BAR-LE-DUC LE 14 SEPTbre 1856, MORT LE 25 ET ENTERRÉ LE 27 MAI 1857 A CALAIS.	Petit-fils du Maréchal et d'Eugénie de Coucy; fils de leur fils le Lt-Colonel comte Charles Oudinot de Reggio.
17e plaque.	CI-GIT Jn-El DIEUDONNÉ DE LEVEZOU DE VESINS, NÉ LE 24 MARS 1858, MORT LE 6 AVRIL 1858.	Petit-fils du Maréchal et d'Eugénie de Coucy; fils de leur fille Louise-Marie-Thérèse Oudinot de Reggio et du marquis de Vesins.
18e plaque.	CI-GIT MARIE-GABRIELLE DE COUCY, NÉE MAIGNIEN DE MERÇUAY, DÉCÉDÉE A BAR-LE-DUC LE 1er 9bre 1822. AGÉE DE 63 ANS. REQUIESCAT IN PACE.	Mère d'Eugénie de Coucy; belle-mère du Maréchal.
19e plaque.	A LA MÉMOIRE DE MADAME PERRON NÉE CAROLINE-MARIE-PHILIPPINE- FERDINANDE-LOUISE OUDINOT DE REGGIO 1817-1866 — QU'ELLE REPOSE EN PAIX	Fille du Maréchal et d'Eugénie de Coucy.
Ligne supérieure. *20e plaque.*	ICI REPOSE DANS L'ATTENTE DE LA RÉSURRECTION ÉTERNELLE HENRY-VICTOR-ANGÉLIQUE GÉNÉRAL COMTE OUDINOT DE REGGIO NÉ A PARIS LE 3 FÉVRIER 1822 MORT A VERSAILLES LE 29 JUILLET 1891 PRIEZ POUR LUI	Fils du Maréchal et d'Eugénie de Coucy (4e fils du Maréchal).

INDICATION des plaques.	INSCRIPTIONS SUR LES PLAQUES.	DEGRÉ DE PARENTÉ avec le Maréchal.
21e plaque.	A LA MÉMOIRE DU COMTE ANTOINE-DIEUDONNÉ-CHARLES-LOUIS DE LEVEZOU DE VESINS, LIEUTENANT AU 93e DE LIGNE, BLESSÉ MORTELLEMENT A GRAVELOTTE LE 16 AOUT 1870 ET DÉCÉDÉ LE LENDEMAIN A VIONVILLE A L'AGE DE 25 ANS. — DITES A MA MÈRE QUE JE MEURS EN SOLDAT ET EN CHRÉTIEN. MARCHEZ EN AVANT !... PRIEZ POUR LUI.	Petit-fils du Mar[illegible] chal et d'Eug[illegible] nie de Coucy fils de leur fil[illegible] Louise-Marie Thérèse Oud[illegible] not de Regg[illegible] et du marq[illegible] de Vesins.
22e plaque.	A LA MÉMOIRE DE Mr LE LIEUTENANT COLONEL COMTE CHARLES OUDINOT DE REGGIO, MORT A L'AGE DE 39 ANS, DANS SON CHATEAU DE COULOGNE LE 10 Xbre 1858 ET ENTERRÉ A CALAIS. PRIEZ POUR LUI.	Fils du Maré[illegible] et d'Eugénie [illegible] Coucy (3e [illegible] du Maréchal[illegible]
23e plaque.	A LA MÉMOIRE DE FRANÇOIS-RENÉ-JOSEPH CUILLIER-PERRON, NÉ A CHINSURA (HINDOUSTAN) LE 25 JUILLET 1804, DÉCÉDÉ EN SON CHATEAU DE MALICORNE LE 12 AOUT 1869. PRIEZ POUR LUI.	Gendre du Ma[illegible] chal et d'E[illegible] génie de Cou[illegible] époux de [illegible] fille Caroli[illegible] Marie-Phil[illegible] pine-Ferdin[illegible] de-Louise O[illegible] dinot de Regg[illegible]
24e plaque.	A LA MÉMOIRE DE LOUISE-MARIE-THÉRÈSE OUDINOT DE REGGIO MARQUISE DE LEVEZOU DE VESINS DÉCÉDÉE A L'AGE DE 93 ANS LE 15 MARS 1909 — PRIEZ POUR ELLE	Fille du Maré[illegible] et d'Eugénie [illegible] Coucy.

Il ressort de cet exposé que, sur les vingt-quatre plaques mortuaires, quatorze font connaître les personnes dont les restes mortels ont été rapportés ou inhumés dans la concession et sont, là, sous les pierres tombales. Les autres ne font que perpétuer, à Bar, le souvenir de membres de la famille, ayant ailleurs leur sépulture.

Si nous examinons maintenant les différentes pierres tombales, de l'entrée de la Concession vers le fond, nous voyons :

A. — *Du côté droit :*

1° Le long du mur latéral, celle avec épitaphe de « Guillaume Latrille comte de Lorencez, général de division etc. ». Elle est placée exactement au-dessus des trois plaques mortuaires de la famille Lorencez et elle recouvre aussi les restes mortels de Nicolette Oudinot, épouse du Général.

A sa gauche, la pierre tombale avec épitaphe de leur petite-fille « Catherine-Marie-Adèle, etc. ».

2° Au-dessus, également le long du mur latéral, sans aucune inscription, la pierre qui recouvre les restes mortels de Joseph Poriquet et de sa femme Marie-Madeleine Scholastique Derlin, auxquels on a réuni ceux de leur fils Victor-Emile Poriquet (1).

Elle est placée au-dessous des plaques mortuaires de la famille Poriquet.

A sa gauche, celle, également sans aucune inscription, de Charlotte de Fiennes, épouse de Emile-Victor Poriquet. C'est sous elle qu'en 1910 on a inhumé le corps de leur fille Marie-Claire-Hélène. Plusieurs couronnes mortuaires la recouvrent entièrement.

3° Plus haut, la pierre tombale, sans inscription, de Nicolas Oudinot, père du Maréchal. Elle est au-dessous de la plaque mortuaire rappelant sa mémoire.

B. — *Du côté gauche :*

4° Le long du mur latéral, la pierre, avec épitaphe, d' « Eugénie de Coucy, Maréchale Oudinot, duchesse de Reggio ».

(1) Arch. mun. Bar. Dossier du cimetière.

A sa droite, également avec épitaphe, celle de son fils, « le général Comte Henry Oudinot de Reggio ».

Le général est mort à Versailles. Son corps a été ramené à Bar et déposé sous cette pierre, conformément à son désir. « *Que ma dépouille mortelle*, écrivait-il le 15 juillet 1884, *aille reposer dans le cimetière de la ville, berceau de ma famille, et près de la tombe de ma mère, La Maréchale* ».

5° Au-dessus, également le long du mur latéral, celle sans inscription de « Marie-Gabrielle de Coucy, née Maignien de Merçuay » (1), veuve de M. Antoine-Nicolas de Coucy, ancien capitaine d'infanterie, et mère de la Maréchale.

A sa droite, avec épitaphe, celle de « Dieudonné de Vesins », petit-fils de la Maréchale.

6° Plus haut, sans inscription, celle de François-Maurice Derlin, père de la première femme du Maréchal. Elle est au-dessous de la plaque mortuaire le concernant.

C. — *Au fond :*

Le monument de Françoise-Charlotte Derlin. Aucune pierre tombale n'est à son pied.

IV

Ceux qui n'y sont pas.

Le créateur du cimetière, le Maréchal Oudinot lui-même, n'y repose pas. Une plaque commémorative le concernant est placée sur le monument élevé à sa première femme; l'inscription qu'elle porte a été reproduite page 17.

Il est mort, le 13 septembre 1847, à Paris, aux Invalides dont il était le Gouverneur et son corps y est resté.

(1) Elle mourut à Bar-le-Duc le 1er novembre 1822 « en l'Hôtel de son Excellence M. le duc de Reggio, rue Lapique, âgée de 63 ans » (acte de décès). Elle y était depuis peu de temps pour se faire soigner d'une maladie grave. Sa dépouille mortelle fut déposée au cimetière dans l'emplacement qui appartient à la famille de M. le Maréchal (*Narrateur de la Meuse*, n° du 8 nov. 1822).

« Après la cérémonie (des funérailles qui se fit le 5 octobre 1847 à l'Eglise Saint-Louis des Invalides), le corps (du Maréchal), dit un de ses biographes (1), fut descendu dans le caveau destiné aux gouverneurs des Invalides et placé dans une des cases pratiquées dans le mur pour recevoir les cercueils de ces officiers. La case où fut déposé celui qui contient les restes mortels d'Oudinot est la plus élevée de la dernière travée de droite, en face de celle qu'occupe le Maréchal de Moncey auquel il a succédé dans le commandement de l'Hôtel. Lui-même avait manifesté le désir que cette case lui fut destinée ».

Son cercueil porte, au centre, une plaque de cuivre sur laquelle on lit :

NICOLAS-CHARLES OUDINOT,
DUC DE REGGIO,
MARÉCHAL ET PAIR DE FRANCE,
GOUVERNEUR DE L'HÔTEL ROYAL
DES INVALIDES, GRAND-CROIX
DE LA LÉGION D'HONNEUR ETC., ETC.,
DÉCÉDÉ A PARIS LE 13 SEPTEMBRE
1847, A L'AGE DE 80 ANS.

Marie-Anne Adam, la mère du Maréchal; Marie-Anne Devoulge, sa belle-mère, épouse de François-Maurice Derlin, ne reposent pas dans le cimetière de la famille Oudinot. Décédées, celle-ci en 1791 et la première en 1804, elles furent inhumées l'une et l'autre dans l'ancien cimetière de la ville, au chevet de Notre-Dame. Leurs corps y sont restés, n'ayant pas été rapportés dans le premier cimetière créé en 1810 par le Maréchal.

Des onze enfants que le Maréchal eut de ses deux épouses, neuf n'y sont pas. — En énumérant ces derniers, je rappellerai par la lettre p (plaque) ceux qui y ont une plaque commémorative.

Sept sont inhumés dans les caveaux des familles qu'ils ont créées ou avec lesquelles ils se sont alliés; savoir :

(1) *Les hommes remarquables de la Meuse.* Imprimerie Laguerre, Bar-le-Duc, 1848.

1° Marie-Louise Oudinot. Elle repose avec son mari le général comte Pajol et leur fils aîné, le second général Pajol, dans le caveau que ce dernier a fait construire, sur ses plans, à Nozeroy (Jura).

2° Nicolas-Charles-Victor Oudinot, deuxième duc de Reggio; le général de division ayant commandé en chef l'expédition de Rome en 1849 (p). Il repose avec sa femme, à Paris, au Père-Lachaise.

3° Elisa Oudinot. Elle est inhumée, à Versailles, avec son mari Armand Chevalier, baron de Caunan.

4° Stéphanie Oudinot. Elle est inhumée, à Paris, au Père-Lachaise près de son mari Georges-Tom Hainguerlot.

5° Louise-Marie-Thérèse Oudinot de Reggio (p). Elle est inhumée avec son mari Ludovic de Levezou, marquis de Vesins, dans la chapelle de leur château de Caylus (Tarn-et-Garonne). Les restes de leur fils (p), le lieutenant de Vesins, tué à Gravelotte en 1870, y ont été aussi rapportés et déposés.

6° Caroline-Marie-Philippine-Ferdinande-Louise Oudinot de Reggio (p). Elle est inhumée, à Malicorne (Sarthe), avec son mari François-René-Joseph Cuillier-Perron (p).

7° Joseph-Gabriel-Charles Oudinot de Reggio (p). Il repose avec sa femme et leur fils (p) dans le cimetière de Calais.

Les deux autres enfants, qui n'y sont pas, sont :

8° Emélie Oudinot. Morte en bas âge en 1805, elle a été inhumée dans l'ancien cimetière de la ville au chevet de Notre-Dame et ses restes ne furent pas rapportés en 1810 dans le cimetière du Maréchal.

9° Auguste-Numa Oudinot (p.). Il fut tué en Algérie, en 1835, d'une balle au front, au début d'une reconnaissance qu'il dirigeait contre les Arabes.

Son corps ne put être rapporté en France, et dans ses mémoires la Maréchale en fait connaître la raison (1).

Deux tombes avaient été creusées près du lieu où il était tombé pour y déposer, dans l'une, son corps, « tel qu'il était dans son uniforme » et dans l'autre celui d'un jeune sous-offi-

(1) G. Stiegler, *Le Maréchal Oudinot,*, *op. cit.*, p. 525.

cier, tué à ses côtés. « On marqua la place où ils furent enterrés de manière à les retrouver un jour ».

Lorsque, quelques mois après le général Victor Oudinot alla rechercher le corps de son frère avec l'intention de le rapporter dans le cimetière de la famille, il ne le retrouva pas. « Tandis qu'on retrouvait non loin de sa fosse les restes mortels du sous-officier enterré en même temps que lui, on ne put recueillir le moindre vestige ni du corps, ni de l'uniforme du colonel. Ce sombre mystère n'a pu être éclairci ».

V

Entretien et conservation du cimetière.

La marquise de Vesins, qui avait vécu de longues années à Bar-le-Duc près de sa mère, la duchesse de Reggio, et qui, à la mort de celle-ci, était allée habiter son château de Caylus, près de Montauban, eut toujours, malgré son éloignement, un souci filial de veiller à l'entretien du « cimetière de la famille » du Maréchal Oudinot.

Presque annuellement, elle revenait à Bar, tant pour y entretenir les amitiés qu'elle s'y était créées (1), que surtout pour y faire, suivant sa propre expression, un pèlerinage.

A chacun de ses séjours, toujours avec la même émotion, elle revoyait la maison natale de son père; elle se rendait au cimetière particulier où reposait sa mère et, là, elle donnait une prière ardente à tous ceux qui lui étaient chers, qui y dormaient ou dont la mémoire y était rappelée. Elle se préoccupait de l'état d'entretien de la concession, donnait les instructions nécessaires et pourvoyait aux dépenses.

La marquise de Vesins n'est plus. C'est aujourd'hui, M. le Comte Auguste de Vesins, son dernier fils, qui continue et

(1) « Elle était restée jusqu'à son dernier jour très étroitement attachée à Bar où elle avait conservé toutes ses relations, et dont elle partageait les joies et les épreuves avec une sympathie toujours éveillée ». *Echo de l'Est*, 1909; art. nécrolog.

qui continuera, tant qu'il sera de ce monde, le pieux devoir de l'entretien du monument que le Maréchal a élevé aux siens.

S'il devait arriver un jour qu'il n'y eût plus personne de la famille pour y pourvoir, la ville de Bar-le-Duc aurait à en assumer la charge.

Le Maréchal Oudinot aimait beaucoup sa ville natale, et, en maintes circonstances, il lui a donné des preuves manifestes de son affection. De plus, la gloire qu'il a acquise a rejailli sur elle.

Aussi, dans le lieu de repos où toutes les familles élèvent et entretiennent des monuments à ceux qu'elles ont perdus, Bar doit avoir à honneur, si le cas envisagé survenait, d'assurer elle-même, à jamais, la conservation du monument qui y rappelle la mémoire du plus illustre de ses enfants. Il y a là, d'ailleurs, pour elle, obligation et reconnaissance.

Extrait de la *Revue lorraine illustrée*. — 1907. Cl. L. Duval.

MAISON NATALE DU MARÉCHAL OUDINOT

à Bar, rue Oudinot, nº 18.

DEUXIÈME PARTIE

LA FAMILLE DU MARÉCHAL OUDINOT

CHAPITRE PREMIER

Les Ascendants.

Nicolas-Charles OUDINOT, qui fut Maréchal de France, duc de Reggio, etc., est né, à Bar-le-Duc, le 25 avril 1767. Son acte de naissance est ainsi rédigé :

> Nicolas-Charles, fils légitime de Nicolas Oudinot et de Marie-Anne Adam, son épouse, est né et baptisé le 25 avril 1767 : a eu pour parrain Jean Charles (1) et pour marraine Anne Martin (2) qui ont signé avec moi.
>
> Signé : Jean Charles; — Anne Martin; — F. Gauthier, prêtre vic.

Il vit le jour dans la maison, « sise en cette ville, rue de Savonnières (auj. rue Oudinot, n° 18), entre la ruelle du pont Clicquot d'une part et les RR. PP. Augustins d'autre », sur

(1) Grand-oncle maternel de l'enfant.
(2) Grand'mère maternelle de l'enfant.

laquelle une plaque commémorative de sa naissance a été placée en 1858. — Cette plaque, de marbre noir, porte l'inscription suivante (1) :

NICOLAS-CHARLES OUDINOT
DUC DE REGGIO
MARÉCHAL D'EMPIRE, GOUVERNEUR DES INVALIDES,
EST NÉ DANS CETTE MAISON
LE 25 AVRIL 1767.

Marie-Anne Adam avait reçu la maison en dot de sa mère, Anne Martin, « en avancement d'hoirie de sa future succession ».

Nicolas-Charles Oudinot était le troisième enfant de Nicolas Oudinot et de Marie-Anne Adam, qui avaient contracté mariage à Bar-le-Duc, paroisse Notre-Dame, le 18 janvier 1763. Voici copie de leur acte de mariage :

L'an 1763, le 18 janvier, après la publication d'un ban de mariage, pour premier et dernier, faite au prône de cette paroisse, entre Nicolas Oudinot, fils majeur des défunts Nicolas Oudinot (2) et Catherine Gabriel, ses père et mère, de cette paroisse d'une part, et Marie Adam, fille de défunt Gaspard Adam et d'Anne Martin, ses père et mère, aussi de cette paroisse, d'autre part; veu aussi le consentement des parents requis par le droit, sans que personne s'y soit opposé ou qu'il soit venu à ma connaissance aucun empêchement, je soussigné prêtre et vicaire de cette paroisse, j'ai reçu leur consentement mutuel de mariage et leur ay donné la bénédiction nuptiale, avec les cérémonies prescrites par notre mère la Sainte-Eglise, en présence des témoins de Jean Vannesson, beau-frère de l'époux (3); de Didier Gabriel son oncle (4); de Georges Adam, frère de l'épouse (5); de Jean Martin (5) son cousin germain qui ont signé et plusieurs autres avec l'époux et l'épouse.

(1) Le propriétaire de la maison a donné, par écrit, au moment de l'apposition, l'engagement « de conserver à perpétuité la plaque en marbre noir avec inscription » (Arch. mun. Bar).

(2) Son prénom était *François* et non *Nicolas*. D'autres documents le montreront.

(3) Mari de sa sœur, Catherine Oudinot; habitait le village des Marats (Meuse).

(4) Frère de sa mère; habitait le village des Marats (Meuse).

(5) Habitaient Bar-le-Duc.

Marie Adam (ou plutôt, d'après son acte de naissance, Marie-Anne Adam), appartenait à une vieille famille barrisienne : mais il n'en était pas de même pour son mari.

Bien que la ville de Bar comptât dans son sein, depuis longtemps, des familles du nom d'Oudinot ainsi que le font connaître les registres paroissiaux des XVIIe et XVIIIe siècles, Nicolas Oudinot n'était pas né à Bar-le-Duc; il y était seul des siens.

Cette assertion sera, pour un certain nombre de concitoyens, en désaccord avec la tradition qui leur faisait admettre le père du Maréchal pour un enfant de Bar. Aussi, il me paraît nécessaire de l'appuyer par des preuves. Je les fournirai par la reproduction des documents qui m'ont amené au rétablissement de l'ascendance du Maréchal.

I

Ascendants (et parents) paternels.

Si on s'en rapporte à l'âge de 84 ans, qu'il avait au jour de son décès, survenu, à Bar, le 12 juillet 1814, Nicolas Oudinot était né en 1730.

Les recherches que je fis sur les registres paroissiaux de la ville de Bar pour trouver, avec sa naissance, des traces de sa famille, restèrent infructueuses. J'eus connaissance de la localité, dont il était originaire, par un tableau énumératif des personnes qui assistaient à la rédaction de son contrat de mariage (1). Le document fournissant aussi des renseignements intéressants sur les familles des deux époux, je le reproduis ci-après :

Furent présents (10 juill. 1763) Nicolas Oudinot demeurant à Bar, fils majeur de feu François Oudinot, cordonnier, demeurant à Marat,

(1) Le contrat de mariage fut passé, à Bar, le 10 janvier 1763, par-devant Me Bouillard, notaire en cette ville. Le futur se mariait dans ses droits et biens, estimés 866 livres, consistant en terres, vignes, sur le finage des Marats et en contrat d'argent. La future était dotée, par sa mère, d'une somme de deux mille francs, estimation d'une maison, rue de Savonnières, qu'elle lui abandonnait en avancement d'hoirie de sa future succession (Arch. Meuse; série C, contrôle des actes des notaires; 666A, fo 77 vo, case 10).

et de feue Catherine Gabriel, ses père et mère, assisté de Jean Vannesson cordier demeurant à Marat à cause de Catherine Oudinot sa femme, son beau-frère; de Didier Gabriel vigneron, son oncle maternel; du sieur Dominique Hussenot, son cousin-germain paternel à cause de demoiselle Anne Oudinot, sa femme; de Christophe Contenot aubergiste, son parrain et son ami; demeurant à Marat-la-Grande, Marat-la-petite et Rambercourt au pot d'une part, et Marie-Anne Adam, fille majeure de Gaspard Adam, vivant Me menuisier, et d'Anne Martin, ses père et mère, assistée de la ditte sa mère et d'elle duement autorisée à l'effet des présentes; de George Adam distillateur d'eau-de-vie, son frère; de Jean Charles Me bonnetier, de Catherine Demengeot, ses oncle et tante (1); de Me Pierre Launois, procureur au bailliage, son ami, d'autre part.

Ainsi, les parents de Nicolas Oudinot habitaient la paroisse des Marats (2). J'ai relevé, dans cette localité, l'acte de leur mariage et celui de la naissance de leur fils; les voici :

1° Acte de mariage.

L'an 1728, le neuvième jour du mois de febvrier, après avoir ci-devant publié trois bans au prône de la messe paroissiale, scavoir, le premier le 25 janvier, le second le dimanche premier febvrier et le troisième le dimanche huictième dudit mois, entre François Oudinot, fils de deffunct François Oudinot et de Marie Louvent, ses père et mère, d'une part et entre Catherine Gabriel (3) fille de deffunct Jean Gabriel et de Catherine Barthélemy, ses père et mère, d'autre part, mes paroissiens, sans qu'il y ait eu aucun empêchement ny opposition, je soubsigné Pierre la Fournière, prêtre et pasteur des Marats, ay reçu leur mutuel consentement de mariage et leur ay donné la bénédiction nuptiale avec les cérémonies prescrites par la sainte Église, en présence des parens et amis qui ont signez avec moi.

Signé : François Oudnot (*sic*); — Gabriel; — Sébastien Jacquinot; — La Fournière (curé).

(1) Jean Charles et Catherine Demengeot donnèrent à leur nièce à l'occasion de son mariage et « en considération des services qu'elle leur a rendus » une chambre garnie avec du linge, le tout estimé 300 livres et deux vignes estimés 360 livres, situées l'une à Guédonval, l'autre à Blamecourt (Arch. Meuse; série C, docum. cité p. 31, case 11).

(2) Les Marats : com.; cant. de Vaubecourt; arr. de Bar-le-Duc (Meuse); formée de la réunion de deux villages voisins, à 1 kil. 3 l'un de l'autre, appelés : l'un, Marat-la-Grande, et l'autre, Marat-la-Petite.

(3) Catherine Gabriel est née, aux Marats, le premier may 1698, fille de

2° Acte de naissance.

Nicolas, fils légitime de François Oudinot et de Catherine Gabriel son épouse, habitans du Grand Marat, est né le treizième jour du mois d'aoust et il a été baptisé le même jour en l'année 1730. Il a eu pour parrein Nicolas Brissot et pour marreine Elisabeth Lorrette, tous deux de cette paroisse; le parrein signé et la marreine déclaré ne pas scavoir.

Signé : N. Brissot; — La Fournière (curé).

François Oudinot et Catherine Gabriel eurent cinq enfants. Nicolas Oudinot était le deuxième. Le quatrième fut Jeanne-Catherine Oudinot; elle épousa, aux Marats, le 29 janvier 1760, Jean Vannesson, originaire de l'Isle-en-Barrois (1) qui est cité parmi les personnes présentes au mariage de Nicolas Oudinot.

Catherine Gabriel est décédée aux Marats, le 5 août 1738. François Oudinot se remaria à Jeanne Vannesson et mourut aux Marats le 6 janvier 1760 « agé de 58 ans ». Cet âge, au jour de son décès, faisait remonter sa naissance à l'année 1702.

Je ne trouvai pas cette naissance aux Marats, bien que les registres paroissiaux y paraissent correctement tenus et au complet depuis le commencement du XVIIIe siècle.

Ces registres, dont les premiers actes remontent à 1620, mais qui présentent toutefois de nombreuses lacunes dans le cours du XVIIe siècle, n'enregistrent pas davantage le mariage de ses père et mère. Ils ne mentionnent le nom d'Oudinot pour la première fois qu'en 1706. C'est à l'occasion du décès d'un François Oudinot, dont l'acte est ainsi rédigé.

L'an 1706, le premier jour du mois de novembre, François Oudinot est décédé dans cette paroisse, âgé de 70 ans;... son corps a été inhumé dans le cimetière en l'endroit du crucifix du costé droit.

Le défunt laissait sa veuve dans une situation des plus modestes, ainsi que le fait ressortir « *l'original du rôle de la*

Jean Gabriel et de Catherine Barthélemy ; parrain, Pierre Lefebvre ; marraine, Michel George.

(1) L'Isle-en-Barrois; com.; cant. de Vaubecourt; arr. de Bar-le-Duc (Meuse).

subvention » dressé dans le village des Marats le 24 novembre 1706 (1), quelques jours après son décès. Sa veuve y était inscrite sous la dénomination de « *la vefve François Odinot* » et sous la qualification de « *pauvre journalière* »; elle y est portée pour une imposition de 1l 1s avec cette annotation qui a été consignée, « *sur sa déclaration* », en regard de son nom: « *possède, en propre, moitié d'une maison; 34 verges de vignes; 5 verges de chanvière et un jour de terre; a dit devoir 54 livres* ».

Il ne ressort pas du tout, des documents ci-dessus reproduits, que le François Oudinot, visé par eux, appartienne bien à la famille dont la présente étude fait l'objet. Il en est cependant; il était le mari de Marie Louvent. D'autres documents, qui seront présentés plus loin, justifieront cette affirmation; mais on en a déjà un commencement de preuve en observant que ce François Oudinot était le seul chef de famille de ce nom dans la paroisse des Marats et en rapprochant ce fait du texte de l'acte de décès suivant :

> L'an 1732, le premier jour du mois de mars, est décédée [*aux Marats*] Marie Louvent, veuve de deffunct François Oudinot, environ aagée de soixante-trois ans,... son corps a été inhumé dans le cimetière du lieu, vis-à-vis la tour.

D'après son âge à son décès, Marie Louvent était née vers 1669; or pour cette époque-là, les registres paroissiaux des Marats n'ont pas été tenus. On peut néanmoins supposer et admettre que c'est dans cette localité qu'elle a vu le jour; car le nom de « *Louvent* », — comme aussi, soit dit en passant, celui « *de Gabriel* » que portait la mère de Nicolas Oudinot, — y était très répandu; on relève l'un et l'autre avec les premiers actes consignés sur les registres.

Sur le tableau des personnes présentes à la rédaction du contrat de mariage de Nicolas Oudinot, on a remarqué, parmi les parents, le sieur « *Dominique Hussenot, son cousin germain à cause de Dlle Anne Oudinot, sa femme* ». En s'en tenant au texte seul qui semble offrir, dans un même ordre, les noms de ces personnes et ceux des lieux où elles demeuraient, Dominique

(1) Arch. Meuse; B. 3053.

Hussenot y apparaît comme habitant Marat-la-Petite. Je le recherchai sur les registres paroissiaux de cette localité; je n'y relevai ni son nom, ni celui d'aucun membre de sa famille.

J'avais espéré, dans cette recherche, rencontrer sur les Oudinot une indication quelconque, qui me permît de poursuivre mon étude. N'ayant rien obtenu, je ne pensais plus pouvoir me documenter davantage sur les ascendants paternels du Maréchal, lorsqu'un renseignement me vint, me mettant en mains un nouveau fil conducteur pour retrouver les Hussenot et les Oudinot.

J'appris que, lorsqu'en 1789 Nicolas Oudinot maria son fils le futur Maréchal, il y avait, parmi les assistants au mariage, une « *demoiselle Marie-Anne Hussenot, fille majeure demeurant à Rambercourt-au-pot, cousine-germaine paternelle* » de ce dernier (Elle n'était en réalité que sa cousine issue de germains).

Je fus examiner les registres paroissiaux de Rembercourt-aux-Pots (1) et la consultation que j'en fis fut couronnée d'un plein succès.

J'y trouvai, sur les ascendants et sur des parents du Maréchal Oudinot, de nombreux actes dont les premiers remontent au commencement du XVIIe siècle.

J'y relevai, d'abord en 1702, l'acte de naissance du fils de François Oudinot et de Marie Louvent; puis, en 1701, l'acte de mariage des deux époux. Les voici :

1° Acte de naissance.

François, fils légitime du sieur François Oudinot et de Marie Louvent, ses père et mère, nay le trentième juillet et baptisé le même jour, an 1702; parain Didier Gabrielle, demeurant à Marat-la-Grande et maraine Jeanne Oudinot de cette paroisse et ont signé :

J. Lescaille (curé). — D. Gabriel. — Jeanne Oudinot.

2° Acte de mariage :

L'an 1701, le mardi neufvième jour du mois d'aoust, après avoir ci-devant publié un ban, le dimanche septième du dit mois d'aoust et dispense des deux autres obtenue de Toul le deuxièsme aoust, entre

(1) Rembercourt-aux-Pots : com.; cant. de Vaubecourt; arr. de Bar-le-Duc (Meuse). — Rembercourt et les Marats sont à 4 k. 1 l'un de l'autre.

le sieur François Oudinot, homme veuve d'une part, et entre Marie Louvent, fille de Christophe Louvent et de deffuncte Magdelaine Vaillant, ses père et mère d'autre part, mes paroissiens, sans qu'il y ait eu aucun empêchement ny opposition, je soussigné prêtre et curé de Rembercourt aux Pots ay receu leur mutuel consentement de mariage et leur ay donné la bénédiction nuptiale avec les cérémonies prescrites par la Sainte-Eglise en présence desdits père et mère, parens et amis qui ont signé, ceux qui savent signer.

Signé : Lapicque. — F. Oudinot avec paraphe. — A. Hacquin. — Haidon. — G. Vaillier. — J. Guyot. — J. Lescaille (prêtre).

Quel était ce François Oudinot? De qui était-il veuf?

En remontant la série des actes paroissiaux de Rembercourt-aux-Pots, mon attention fut attirée sur deux actes de baptême, par la signature particulière, avec paraphe, du parrain qui était sur chacun d'eux, un François Oudinot.

Le premier de ces actes, de 1697, qualifie le parrain de « ancien prévôt ». — L'autre, de 1696, est rédigé ainsi qu'il suit :

François, fils de Jean Oudinot et de D^{lle} Barbe Dupont, conseillier du roi, enquéteur examinateur prévost en la prévosté royale de Rembercourt au pot; parain, François Oudinot, père grand et prévost ancien de la dite prévosté : mar. D^{lle} Marguerite Richié, femme à Mre Adrien Dupont exempt en la maréchaussée de France en la résidence de Verdun (1); lequel François est nay le dernier jour d'aoust et baptizé le 1er septembre 1696.

Signé : F. Oudinot avec paraphe.

Les signatures du parrain sur les deux actes de baptême se présentaient semblables de forme, d'écriture et de paraphe : elles étaient également identiques à celle se trouvant au bas de l'acte du 9 août 1701 portant mariage entre « *le sieur François Oudinot, homme veuve et Marie Louvent* ». Il me vint cette conviction que les trois François Oudinot en trois situations distinctes ne formaient qu'une seule et même personne; que le mari de Marie Louvent était l'ancien prévôt royal de Rembercourt-aux-Pots. Ma déduction se changea en certitude, lorsque

(1) Verdun ; ch.-l. d'arr. (Meuse).

j'eus plus tard reconstitué, par filiation de famille, la parenté des Hussenot et des Oudinot.

Des autres actes, que j'ai extraits des registres de Rembercourt sur les Oudinot, je ne retiens ici que ceux qui intéressent directement mon travail.

1° Naissance.

Dans le milieu du XVIIe siècle, on ne trouve qu'un seul Oudinot portant le prénom de François. C'est :

François, fils de Jean Oudinot, nay le 26 février (1640); par. Thomas Louvent; mar. Françoise Geoffroy.

Il m'a paru être, aussi, fils de « *Jeanne, fille à Didier Garaudel* » que « *Jean Oudinot espousa le sept mai 1626* ».

2° Mariage.

François Oudinot et Marguerite Godard ont espousé 27 janvier 1664.

3° Enfants.

a) Jean, fils de François Oudinot et de Marguerite Godard, sa femme; a été baptisé le seize juillet 1669, par. Nicolas Bridet; mar. Barbe Godart.

b) Claudine, fille de François Oudinot et de Marguerite Godart, sa femme, a été baptisée le dimanche 16 août 1671; par. Claude Godart; mar. Françoise Haydon.

Le 22 novembre 1695, en la paroisse Saint-Sauveur de Verdun, fust célébré mariage entre le s[r] Jean Odinot (*sic*), natif de Rambercourt aux Pots, âgé de 26 ans, fils du sieur François Odinot (*sic*), conseiller du roy, prévost royal dudit Rambercourt et de feue damoiselle Margueritte Godard, ses père et mère, d'une part et dem[lle] Barbe Dupont, fille du sieur Dupont, exempt de la maréchaussée de Verdun et de Marguerite Richier, ses père et mère, de cette paroisse d'autre part.

Jean Oudinot et Barbe Dupont vécurent à Rembercourt. Ils y eurent dix enfants, dont : Anne-Thérèse Oudinot, née le 18 octobre 1707, qui épousa à Void(1), le 4 mai 1734, « *Domi-*

(1) Void : ch.-l. de c.; arr. de Commercy (Meuse).

nique Hussenot, fils de feu le sieur Pierre Hussenot et de défunte Claude Robin, ses père et mère, de la paroisse de Givrauval » (1). La bénédiction nuptiale leur fut donnée par « *Joseph Hussenot, prêtre et curé de Gondrecourt* (2), *en présence de Mre Quentin Hussenot, prêtre et curé de Void et de Vacon son annexe* » (3).

Jean Oudinot mourut antérieurement à 1734. Il fut lui aussi, « *conseiller du roy, prévost royal de Rambercourt au pot* », ainsi que le fait connaître l'acte de naissance de son premier né, dont copie a été donnée page 36. Il succéda à son père, dans l'office de prévôt, fin de 1695 ou commencement de 1696.

Les époux Hussenot eurent, à leur tour, neuf enfants, tous nés à Rembercourt et dont le dernier fut Marie-Anne Hussenot, née le 10 juin 1746. C'est elle qui assistait, en 1789, au mariage du futur Maréchal Oudinot.

Tous les renseignements que j'ai exposés contiennent les éléments pour refaire et justifier, par filiation de famille, l'ascendance de Nicolas Oudinot, déjà déduite d'une simple similitude d'écriture.

Pour point de départ, je prendrai ce fait nettement établi : *Dlle Anne-Thérèse Oudinot*, l'épouse du sieur Dominique Hussenot, et *Nicolas Oudinot* se reconnaissaient comme cousins germains paternels.

Ce degré de parenté implique la fraternité de deux de leurs pères et mères respectifs et ensuite la descendance d'un aïeul commun.

Aucune des deux mères — (Barbe Dupont et Catherine Gabriel) — n'est la sœur d'un des deux pères; par suite la fraternité de ceux-ci s'impose. Il s'ensuit que Jean Oudinot, le prévôt royal de Rembercourt, et François Oudinot, le cordonnier des Marats, sont frères.

Ces deux Oudinot n'ont pas, pour mère, la même personne; ils ne sont frères que de père. D'où ces conséquences : 1° François Oudinot, prévôt de Rembercourt, père de Jean Oudinot

(1) Givrauval : com.; cant. de Ligny : arr. de Bar-le-Duc (Meuse).

(2) Gondrecourt : ch.-l. de c.; arr. de Commercy (Meuse).

(3) L'acte de mariage a été consigné sur les registres paroissiaux de Rembercourt-aux-Pots.

qu'il eut de Marguerite Godard, est aussi le père de François Oudinot; 2° Il est « *l'homme veuve* » qui, en 1701, épousa Marie Louvent; 3° Il est le grand-père commun de Anne-Thérèse Oudinot et de Nicolas Oudinot.

L'ascendance prouvée, les événements qui se sont passés dans la famille Oudinot peuvent être reconstitués vraisemblablement ainsi qu'il suit :

François Oudinot (1640-1706), prévôt de Rembercourt-aux-Pots, après avoir marié son fils Jean, obtint pour lui la transmission de son office. Veuf de Marguerite Godard depuis plusieurs années, quoique déjà assez âgé, il se remaria en 1701 à Marie Louvent, originaire des Marats, et il en eut en 1702 un fils François.

Il quitta Rembercourt pour aller habiter une maison de sa femme aux Marats; il y mourut peu après (1706), laissant sa femme et son fils François, presque sans ressources.

Il advint alors, que le fils ainé Jean Oudinot était conseiller du roy, prévôt de Rembercourt-aux-Pots et vivait, par sa charge, dans une certaine aisance, tandis que le plus jeune, François Oudinot, habitant Les Marats (de 33 ans moins âgé que son frère), fut obligé de demander sa vie à un travail manuel; il se fit cordonnier.

Nicolas, le fils de François Oudinot et de Catherine Gabriel quitta, jeune encore, ses parents et Les Marats. Il vint à Bar-le-Duc et s'y maria. Il devait, par le commerce et son travail, y acquérir une honorable situation et faire renaître dans sa famille l'aisance qu'avait connue son grand-père, le prévôt de Rembercourt.

Ci-après un tableau de la filiation de la famille Oudinot telle, qu'elle découle des documents que j'ai recueillis.

TABLEAU DES ASCENDANTS (ET PARENTS) PATERNELS.

IV JEAN OUDINOT = Rembercourt-aux-Pots, 7 mai 1626, Jeanne Garaudel, « fille à Didier Garaudel », d'où :

III FRANÇOIS OUDINOT; né Rembercourt, 26 février 1640; † Marats, 1er novembre 1706; fut prévôt royal à Rembercourt;

= en 1res noces, Rembercourt, 27 janvier 1664, Marguerite GODARD; d'où :

1° : Jean; qui suit :

2° : Claudine; née, Rembercourt, 16 août 1671.

II¹ JEAN OUDINOT; né, Rembercourt, 16 juillet 1669; † avant 1734; conseiller du roy, prévôt en la prévôté royale de Rembercourt-aux-Pots,

= Verdun, 22 novembre 1695, dlle Barbe Dupont; † Rembercourt, 21 mai 1761, âgée de 90 ans environ; fille du sieur Adrien Dupont exempt de la maréchaussée de Verdun et de Marguerite Richier. D'où :

1° : François; né, Rembercourt, 1er septembre 1696; par : « François Oudinot, père grand et prévôt ancien en ladite prévôté »; mar. Marguerite Richier, femme à Mre Adrien Dupont.

2° : Léopold-Adrien; né, Rembercourt, 24 février 1698.

3° : Claude; né, Rembercourt, 18 janvier 1699.

4° : Georges-François; né, Rembercourt, 23 février 1700.

5° : Jacques-François; né, Rembercourt, 25 février 1701.

6° : Jeanne; né, Rembercourt, 13 juin 1703.

7° : Marie; née, Rembercourt, 30 janvier 1705; † Rembercourt, 17 avril 1705.

= en 2mes noces, Rembercourt, 9 avril 1701, Marie LOUVENT; † Marats 1er mars 1732; fille de Christophe Louvent et de défunte Magdelaine Vaillant; d'où :

II² FRANÇOIS OUDINOT; né, Rembercourt, 30 juillet 1702; † Marats, 6 janvier 1760, cordonnier;

= en 1res noces, Marats, le 9 février 1728, Catherine Gabriel; née, Marats, 1er mai 1698; † Marats 5 août 1738; fille de défunt Jean Gabriel et de Catherine Barthélemy.

= en 2mes noces, Jeanne Vannesson; † Marats, 28 novembre 1770 âgée de 80 ans environ.

Du premier mariage :

1° : Françoise; née, Marats, 18 août 1729.

2° : NICOLAS OUDINOT; né, Marats, 13 août 1730; † Bar-le-Duc, 12 juillet 1814.

= Bar, 18 janvier 1763, MARIE-ANNE ADAM; d'où postérité donnée au paragraphe III.

3° : Pierre; né, Marats, 24 avril 1732; † Marats, 6 juin 1732.

4° : Jeanne-Catherine; née, Marats, 4 juillet 1735; † Marats, 26 décembre 1810; = Marats, 29 janvier 1760, Jean Vannesson, cordier; † Marats, 17 frimaire an 5; fils de Jean Vannesson et de Lucie Adam, de la paroisse

8° : Anne-Thérèse Oudinot; née, Rembercourt, 18 octobre 1707; † Rembercourt, 11 juin 1780; = Void (Meuse), 4 mai 1734, Dominique Hussenot, originaire de Givrauval (Meuse); † Rembercourt, 17 novembre 1783, âgé de 87 ans; fils de défunt Pierre Hussenot et de défunte Claude Robin; d. p. (1).

de l'Isle-en-Barrois (Meuse); d. p. (2).

(1) Enfants de Dominique Hussenot et de Anne-Thérèse Oudinot.

1° Marie-Anne; née, Rembercourt, 10 février 1735;

2° Catherine; née, Rembercourt, 9 juin 1737; = Rembercourt, 8 juin 1761, Louis Richard; fils du sieur Louis Richard, marchand et de d[lle] Marguerite Bridet, de la paroisse de Ligny (Meuse), d. p. dont :

Marie-Anne-Victoire Richard; † Revigny (Meuse), 21 mai 1853 = François-Daniel Flise; † Revigny, 17 mai 1814, d. p.

3° et 4° { Barbe; née, Remb., 12 sept. 1738. / Marie-Anne; { née, Remb., *id.* / † *id.*, 21 sept. 1738.

5° et 6° { Pierre, né, Remb., 1er janv. 1740. / Marie-Anne; { née, Remb., *id.* / † *id.* 6 janv. 1740.

7° Jean-François; né, Rembercourt, 9 janvier 1743.

8° Marie-Anne; née, Rembercourt, 17 janvier 1745.

9° Marie-Anne; née Rembercourt, 10 juin 1746; † Rembercourt, 27 germinal an onze (17 avril 1803); sans alliance. Assiste en 1789 au mariage de son cousin issu de germain, Nicolas-Charles Oudinot, le futur maréchal de France, avec Françoise-Charlotte Derlin.

(2) Enfants de Jean Vannesson et de Jeanne-Catherine Oudinot :

1° Nicolas; né, Marats, 24 novembre 1760; par. : Nicolas Oudinot, son oncle; † Marats, 2 septembre 1762.

2° Claude-Vincent; né, Marats, 19 juillet 1762; † Marats, 19 août 1762;

3° Marie-Anne; née, Marats, 17 septembre 1763; par. : Nicolas Oudinot, son oncle; mar. : Marie-Anne Adam, sa tante, épouse de Nicolas Oudinot; † à Creuë, canton de Vigneulles (Meuse), le 23 avril 1827; = Marats, 22 janvier 1783, Jean Prin, cordonnier; fils de deffunt Claude Prin et de deffunte Anne Caron. D'où postérité dont :

Martin Prin, né, Paris, vers 1786; † Marats, 9 décembre 1862, chef de bataillon d'infanterie en retraite, chevalier de la Légion d'honneur; = Marats, 27 novembre 1815, Anne-Sophie Purson; née, Marats 1794; † Marats, 24 mars 1873; d. p.

4° Pierre; né, Marats, 2 février 1768, émouleur; † Verdun (Meuse), 18 mai 1832; = Marats, 19 prairial an 9, Jeanne Marchal; née, Condé-en-Barrois (Meuse), 25 juin 1776; fille de feu Claude Marchal et de Barbe Maury : d. p.

(Il existerait encore des descendants à Verdun).

5° Anne; née, Marats, 17 janvier 1770; † Marats, 23 janvier 1770.

6° Léger; né, Marats, 2 octobre 1771; † Marats, 13 avril 1772.

7° Claude; né, Marats, 17 février 1773.

8° Bernard; né, Marats, 6 juillet 1775; † Marats, 4 décembre 1838; capitaine

9° : Jean; né, Rembercourt, 13 juin 1710.

10° : Marie-Anne Oudinot; née, Rembercourt, 3 août 1713; = Rembercourt, 12 janvier 1739, Charles Flise, de la paroisse de Revigny (Meuse); fils de feu Nicolas Flise chirurgien et de Dlle Marie Poriquet; d. p. (1).

5° : Marie-Anne; née, Marats, le 26 août 1736.

II

Ascendants (et parents) maternels.

L'établissement du tableau des ascendants maternels n'a donné lieu à aucune difficulté de recherches. Je l'expose, ci-après, sans aucune observation.

IV. Nicolas ADAM = Bar, 25 janvier 1634, Nicolle Henrion; d'où, plusieurs enfants, dont :

(1) Enfants de Charles Flise et de Marie-Anne Oudinot.

1° Barbe-Charlotte; née, Rembercourt, 21 juin 1740; † Revigny, 25 juillet 1821; sans alliance.

2° Claude-Alexandre; né, Rembercourt, 29 avril 1741.

3° Dominique; né, Rembercourt, 17 décembre 1741; vivait encore en 1821, officier de santé à Vroil (cant. d'Heiltz-le-Maurupt; arr. Vitry-le-François; Marne); marié; d. p.

4° Marie-Anne; née, Rembercourt, 23 février 1743.

5° Jean-Charles; né, Rembercourt, 23 mars 1744.

6° Barbe-Margueritte; née, Rembercourt, 29 juin 1745.

7° Christine; née, Rembercourt, 6 février 1747.

8° Madeleine; née Rembercourt, 17 novembre 1748; † Revigny, 15 juin 1827; veuve de Nicolas Colin.

9° Catherine; † Revigny, 28 octobre 1752; âgée d'environ 2 ans.

Enfants de Jean Vannesson et de Jeanne Catherine Oudinot (*suite*).

en retraite et buraliste aux Marats; sans alliance.

9° Jacques; né, Marats, 5 mai 1778; † Ville-sous-la Ferté (Aube), 20 décembre 1831; cordier = en 1res noces, Marats, 12 nivôse an 5, Anne-Catherine Purson; née, Marats; † Marats, 10 prairial an 6; fille de Jean-François Purson vigneron et de Catherine Noël; = en 2mes noces, Marats, 20 vendémiaire an 7, Marie Jacquet; née, Marats, 21 juin 1778; fille de Christophe Jacquet et de Marie Gand; d. p., dont :

Marie-Félicité; née, Marats, 26 juin 1806, † Erize-la-Grande, (cant. de Vaubecourt, Meuse); 16 février 1879 = Erize-la-Grande, François Gand, émouleur; né, Rosnes, (cant. de Vavincourt (Meuse), le 24 février 1807; † Erize-la-Grande, 29 octobre 1886; d. p.

III. Nicolas ADAM ; né, Bar-le-Duc, paroisse N.-D., 22 novembre 1647 ; † Bar, 22 juin 1735. = Bar, paroisse N.-D., 30 octobre 1672, Anne Mercier ; d'où :

1° Anne ; baptisée, Bar, 4 octobre 1676 ;

2° Marguerite ; bapt., Bar, 25 septembre 1679 ;

3° François ; bapt., Bar, 27 décembre 1681 ;

4° Estienne ; bapt., Bar, 17 juin 1684 ;

5° François ; bapt., Bar, 14 février 1688 ; † 2 février 1693 ;

6° Marie-Jeanne ; bapt., Bar, 19 juillet 1689 ;

7° Gaspard ; qui suit.

II. Gaspard ADAM ; né, Bar, 19 avril 1694 et bapt. le 20 ; parr. : Gaspard de Lescamoussier, escuyer, conseiller et maistre des comptes du duché de Bar, lieutenant général en la grande louveterie dudit duché ; marr. : Jeanne Poulain ; — † Bar, le 15 décembre 1757 ;

= en 1res noces, Bar, paroisse N.-D., le 3 septembre 1720, Catherine Menisier ; fille de défunt Pierre Menisier et de Marie Féry, de la paroisse de Brabant le Comte(1) ; — † Bar, le 29 juillet 1735, âgée environ de 37 ans ; d. p. = en 2mes noces, Bar, paroisse N.-D., le 30 août 1735, Anne Martin ; † postér. à 1789 ; fille de Claude Martin et de Catherine Collin, de la paroisse N.-D. de Bar ; d. p.

A. du premier mariage.

1° Marie ; née, Bar, 4 juin 1721.

2° Françoise ; née, Bar, 4 octobre 1723.

3° Anne ; née, Bar, 11 octobre 1725.

4° George ; né, Bar, 29 septembre 1728 ; † Bar, 28 décembre 1786, distillateur d'eau-de-vie ; = Bar, paroisse N.-D., 16 juin 1750, Claire Devaux ; † Bar, 7 messidor an 4, âgée de 72 ans ; fille des défunts Jean Devaux et Nicolle Laserre ; d. p.(2).

(1) Brabant le Comte, nom ancien de la partie du village de Brabant-le-Roi, qui dépendait du Barrois mouvant : Cant. de Revigny ; arr. de Bar-le-Duc (Meuse).

(2) Postérité de George Adam et de Claire Devaux :

1° : Gaspard ; né, Bar, 19 mai 1751.

2° : Françoise ; née, Bar, 27 juillet 1752.

3° : Marie-Anne ; née, Bar, 14 février 1754.

5° Marie-Anne; née, Bar, 3 septembre 1730; † Bar, 26 mai 1734.

6° Nicolas; né, Bar, 20 novembre 1732; † Bar, 22 novembre 1732.

7° Nicolas; né, Bar, 16 octobre 1733; † Bar, 18 octobre 1733.

4° : Catherine; née, Bar, 20 juin 1756; † Bar, 21 mai 1758.

5° : Gabriel; né, Bar, 25 juillet 1757; † Bar, 14 février 1819; aubergiste; = Bar, 5 septembre 1780, Lucie Damin; fille de deffunt Jean Damin et de Anne Marchand; d. p.

6° : Nicolas; né, Bar, 26 janvier 1759; † Bar, 12 juillet 1765.

7° : Jean-François; né, Bar, 27 mars 1760.

8° : Claire; née Bar, 11 novembre 1761; † Bar, 15 mars 1820; = Bar, 12 septembre 1785, Jean Rouyer, originaire de Loupmont (cant. de Saint-Mihiel, Meuse); d. p. Leur petite-fille, Cécile Rouyer, a épousé, à Bar, le 16 octobre 1833, Nicolas-Numa Rolin, imprimeur, dont M. Alfred Chuquet est le gendre; d. p.

9° : Nicolas-George; né, Bar, 15 janvier 1763; par. : Nicolas Oudinot; mar. Marie-Anne Adam; — † Bar, 12 juillet 1765.

10° : Marie-Claude; née, Bar, 16 février 1764; † Bar, 1er octobre 1765.

11° : Catherine; née, Bar, 13 mars 1765; † Bar, 8 juin 1806; = Bar, 18 septembre 1781, Hyacinthe Billet; né, Longchamps (cant. de Pierrefitte, Meuse); † Bar, 12 février 1825, capitaine en retraite et chevalier de la Légion d'honneur.

12° : Etienne-George; né, Bar, 26 décembre 1766; † Bar, 28 juillet 1857 = Louppy-le-Château (cant. de Vaubecourt, Meuse), 10 novembre 1789, Marie Minette; fille du sieur Antoine Minette et de Marguerite Couchot, habitants dudit Louppy, en présence des sieurs Nicolas Adam, lieutenant de police, son oncle et Nicolas Oudinot aussi son oncle; du sieur Gabriel Adam, son frère, etc... Marie Minette est morte à Bar, le 5 avril 1850, âgée de 84 ans; d'où :

Valentin Adam; né, Bar, 6 thermidor an 3 (24 juillet 1795); † Bar 21 juillet 1873; = en 1res noces, Bar, 9 décembre 1821, Marie-Françoise Derlin; née, Bar, 6 fructidor an 12 (24 août 1804); † Bar, 29 décembre 1839; fille de François-Maurice Derlin et de Marie-Jeanne Petit : s. p. = en 2mes noces, à Saint-Mihiel, le 20 avril 1840, Marie-Joséphine Rouvrois; † Bar, 13 avril 1886; d'où :

a : Georges-Albert; † en 1863 à 22 ans.

b : Marie-Joséphine; mariée au docteur Gelly; d. p.

c : Françoise-Victorine; mariée à M. Petitjean, avoué; d. p.

13° : Jean François; né, Bar, 7 septembre 1770.

14° : Elisabeth; née, Bar, 19 octobre 1771; † Bar, 2 novembre 1824; = Bar, 25 messidor an 4, Nicolas Royer; né, Bar, 16 septembre 1770; † Bar, 13 août 1826, militaire en retraite, marchand épicier; d. p.

B. du second mariage.

8° MARIE-ANNE ADAM; née, Bar, 9 octobre 1736; par. : Jean Charles; mar. : Marie-Anne Bazin = Bar, paroisse N.-D., le 18 janvier 1763, NICOLAS OUDINOT; d'où postérité donnée au paragraphe III.

9° Catherine; née, Bar, 2 juin 1739.

10° Jeanne; née, Bar, 10 octobre 1741.

11° Nicolas; né, Bar, 17 avril 1743; † Bar, 8 brumaire an 8. Il était, en 1789, « Conseiller du roy, lieutenant de maire et de police de Bar » et, en l'an 8, « assesseur du juge de paix de la division du Nord et membre de la Commission administrative de l'hospice civil de la commune de Bar ». Il fut marié à Marguerite Mourot, d. p. (1). Il épousa, en seconde noces, Madeleine Lapique; née Bar, 11 octobre 1758; † Bar, 29 nivôse an 12 (20 janvier 1804).

III

Le père et la mère du Maréchal.

NICOLAS OUDINOT et MARIE-ANNE ADAM, mariés, comme il a été dit, à Bar, paroisse Notre-Dame, le 18 janvier 1763, s'installèrent dans la maison que l'épouse avait reçue en dot, sise à l'angle de la rue de Savonnières et de la ruelle du pont Cliquot (auj. n° 18 de la rue Oudinot).

Nicolas Oudinot se fit brasseur et distillateur d'eau-de-vie. Il obtint, avec plusieurs autres de ses concitoyens, « le bail du droit de faire de la bière dans la ville de Bar » (2).

(1) Leur fils, Jean-Baptiste Adam, né à Prague, en Bohême, le 5 juin 1774; † Paris, le 7 octobre 1880, contrôleur principal des contributions indirectes en retraite; = Bar, le 6 messidor an 5, Françoise Ficatier; fille de Jean Ficatier négociant et de défunte Agathe-Rose Monnier; en présence de Nicolas Adam, de Nicolas Oudinot, cultivateur, père et oncle à l'épouse, etc. (acte de mariage — Nicolas Oudinot, qualifié cultivateur, est le père du maréchal); d'où :

Nicolas-Augustin Adam; né, Bar, 10 juillet 1800; † Bar, 4 août 1876; = Bar, 8 juin 1831, Marie-Françoise-Marguerite-Jeanne Gérard; née, Bar, 13 thermidor an 8; † Bar, 22 novembre 1853; d'où post. fém.

(2) Arch. Meuse : série C; Contrôle des actes des notaires. Reg. 680, f° 55 et 703, f° 50.

Nicolas Oudinot acquit des terres autour de Bar-le-Duc, et il fut amené

La prospérité de ses affaires réclamant une plus vaste installation, il acquit, dans la même rue de Savonnières, une autre maison, placée presque en face de la première. Elle porte aujourd'hui le n° 47 de la rue Oudinot. C'est cette deuxième habitation qui est visée par la duchesse de Reggio dans ses souvenirs, lorsqu'après avoir rapporté l'incendie qui détruisit en 1813 l'hôtel du Maréchal, rue Lapique, elle écrit : Nous n'avions plus de toit à Bar et ce fut sous celui de mon vénérable beau-père que nous fûmes nous abriter ».

Nicolas Oudinot et Marie-Anne Adam eurent dix enfants, savoir :

1° Marie-Anne; née, Bar, 31 août 1764; † Bar, 2 septembre 1764.

2° Catherine; née, Bar, 14 avril 1766; † Bar, avant 1804.

3° Nicolas-Charles, qui fut le Maréchal OUDINOT; né le 25 avril 1767 (voir au chapitre II).

4° Claire; née, Bar, 9 décembre 1768; † Bar, 8 septembre 1771.

5° Jean-François; né, Bar, 13 mars 1770; † Marat la Grande, 16 octobre 1770.

6° Jean-François; né, Bar, 9 avril 1771; fut témoin les 15 septembre 1789 au premier mariage de son frère Nicolas Charles; † Bar, avant 1804.

7° Jean-Baptiste; né, Bar, 6 septembre 1772; † Bar, 29 septembre 1774.

8° Anne-Victoire; née, Bar, 8 juillet 1774; † Bar, 22 août 1775.

9° une fille morte en naissant; Bar, 26 décembre 1775.

10° Nicolas-Tolentin-Gaspard; né, Bar, 10 septembre 1777, † Bar, avant 1804.

à s'occuper directement de leur culture, du moins à une certaine époque, si on s'en rapporte à l'état professionnel qui lui est donné sur certains actes. Il est dit « cultivateur » : en l'an 4, sur l'acte de naissance d'une de ses petites filles; en l'an 5 sur les actes de mariage de deux de ses nièces, dont l'un est mentionné au renvoi (1) de la page précédente. Toutefois, il ne cessa pas son métier de distillateur; car, en l'an 7, il est cité l'exerçant toujours.

De tous ces enfants, Nicolas-Charles Oudinot restait seul vivant en 1804, année du décès de sa mère; il fut le seul à en hériter (1).

Marie-Anne Adam mourut le 19 fructidor an 12 (27 août 1804); son corps fut inhumé dans le cimetière de la ville près l'Eglise Notre-Dame.

Nicolas Oudinot est décédé « en son domicile, rue de Savonnières », le 12 juillet 1814. Son corps fut inhumé dans un cimetière que le Maréchal avait créé pour sa famille en 1810 (2).

(1) Arch. Meuse, Q². Enregistrement des successions.

(2) Oudinot est mort dans la 84e année de son âge sans avoir enduré une maladie ni longue, ni douloureuse. L'inhumation eut lieu le lendemain à l'ancien cimetière (attenant à l'Eglise N.-D.) dans une enceinte destinée aux personnes de la famille du Maréchal.

Un concours considérable de personnes en deuil, de la ville et des environs, entourait le convoi. Les ecclésiastiques des diverses paroisses de Bar et de celles du canton, ouvraient la marche. Les fonctionnaires publics et à leur tête le préfet, les parents, les militaires, etc., formaient le cortège (*Narrateur de la Meuse*, n° du 19 juillet 1814).

CHAPITRE II

Le Maréchal et sa famille.

I

NICOLAS-CHARLES OUDINOT, dit un de ses biographes, reçut l'instruction « *que les enfants de familles aisées puisaient dans le collège* [Gilles-de-Trêves] *de sa ville natale* » (1).

Sous les auspices de M. de Saillet, né à Bar et capitaine au régiment de Médoc-Infanterie, il s'engagea le 2 juin 1784 dans ce régiment qui tenait garnison à Perpignan. Il n'avait que 17 ans. Il y devint rapidement sergent et y servit trois ans. Son père, désireux de l'associer à ses affaires, « en rachetant son congé, l'obligea de revenir » (2) à Bar ; il y était de retour en septembre 1787.

Marié en 1789, il prit la direction d'une grande partie du commerce paternel. On le trouve taxé, pour l'année 1790, sur le « *Rolle général de l'imposition connu sous le nom de taille de la ville de Bar* » (3) « *pour facultés* », à une somme double de celle à laquelle son père y est inscrit pour le même motif.

(1) *Les hommes remarquables de la Meuse, Oudinot de Reggio.* Imprimerie Laguerre, Bar-le-Duc, 1848.

(2) G. Stiegler, *Le Maréchal Oudinot, op. cit.*

Il sera donné, dans ce paragraphe, sur l'existence du Maréchal Oudinot à Bar, plusieurs renseignements qui ne paraissent pas concordants avec ceux fournis par M. G. Stiegler. Je les ai extraits des archives municipales de Bar-le-Duc.

(3) Arch. Meuse : Série B; pièces diverses.

Dans les premiers mois de l'année 1789, l'insuffisance des ressources en blé et la cherté des vivres amenèrent une certaine agitation dans la population de Bar-le-Duc. Dès désordres étant à craindre, « des citoyens s'armèrent pour repousser, par la force, la licence et le brigandage » (1). L'assemblée municipale les organisa en une milice citoyenne soldée qui compta, avec une compagnie à cheval, 4 bataillons à pied, un par quartier de la ville (2). Nicolas-Charles Oudinot s'enrôla dans la compagnie à cheval et il y fut élu capitaine. Il dut son grade autant à la confiance qu'il avait su inspirer à ses concitoyens qu'à ses anciens services militaires. Le 27 juillet, il fit tous ses efforts pour arrêter, à la Ville-Haute, un soulèvement populaire au cours duquel un honorable négociant en grains (3), accusé d'accaparement, fut égorgé par la foule.

Les gardes citoyens ne purent assurer longtemps leur service sans que leurs intérêts particuliers en souffrissent. Aussi, le 27 février 1790, le corps municipal décidait la diminution du nombre des soldats miliciens et une réglementation nouvelle de leurs obligations. Il autorisa, toutefois, « la compagnie de garde citoyenne à cheval, qui avait généreusement offert, par l'organe de son commandant, de continuer son service, à subsister dans son état actuel ». Oudinot resta dans cette compagnie avec le grade de capitaine.

(1) Arch. mun. Bar : reg. des délib.

(2) Furent désignés, par élection, pour commander les différentes unités de la milice citoyenne :

1er bataillon : M. Bugnot de Farémont, écuyer, chevalier de Saint-Louis.
2e bat. : M. André de Lory, écuyer, capitaine de dragons.
3e bat. (Ville-Haute) : le baron de Bombelles, chevalier de Saint-Louis.
4e bat. : le chevalier de Longeaux, chevalier de Saint-Louis.
Compagnie à cheval : M. de Thionville, chevalier. — (Oudinot, capitaine, y est sous ses ordres).

Le vicomte de Travanet, capitaine au régiment de Mestre-de-camp-général-Dragons, commandant en chef le détachement de ce régiment alors à Bar, avait été choisi, par acclamation colonel général de la milice citoyenne de la ville dès l'instant de sa formation. A cette occasion, il avait été « nommé citoyen de Bar dont lettres en forme lui furent expédiées ».

(3) André Pelissier (ou Pelicier).

L'ensemble des formations nouvelles constitua *la Garde Nationale* de Bar. Elle compta, avec la compagnie à cheval, toujours 4 bataillons, un par quartier, mais à 2 compagnies seulement de 50 hommes chacune, non compris les officiers et sergents. Elle fut placée, sous les ordres d'un *Commandant général* (1).

Le poste étant devenu vacant par suite de la démission du titulaire, Nicolas-Charles Oudinot « capitaine de la garde nationale à chevalle », était appelé, le 2 juillet 1791, à la majorité des suffrages, à prendre le commandement général de la garde nationale de Bar (2).

Le 18 juillet 1791, quoique déjà père d'un enfant et sur le point d'en avoir un second, il fut un des premiers Barrisiens pour répondre au décret de l'Assemblée Nationale prescrivant la mise en activité des gardes nationales du royaume. Il se faisait inscrire sur le « *Tableau des citoyens actifs et des fils de citoyens de la municipalité de Bar-le-Duc qui, guidés par l'amour de la patrie, consentent à prendre les armes pour la défense de l'État et le maintien de la Constitution et promettent sur leur honneur de se ranger quand ils en seront requis, sous les drapeaux de l'un des bataillons du département de la Meuse qui leur sera assigné*, etc. » (3).

Il y est ainsi signalé : « *Nus Oudinot Derlin, Commandant général* » des gardes nationales ; lieu de naissance (4) : « *Bar* » ; âge : « *25* » ; taille : « *5 pds 5 pces* ». En regard de ces indi-

(1) Le vicomte de Travanet, colonel général de la milice citoyenne, présida à sa réorganisation et à la formation de la garde nationale.

Le 16 mai 1790, les officiers et soldats de la garde nationale, définitivement constituée, prêtèrent « entre les mains de M. le Maire et MM. les officiers municipaux, en présence de la Commune assemblée, le serment d'être fidèles à la Nation, à la Loi et au Roi ». M. Xavier-Robert Bouchon, élu, la veille, pour commandant général de ladite garde nationale, fut proclamé et reconnu en cette qualité (Il était précédemment commandant du 4e bataillon).

Réélu dans son commandement général, le 29 juin 1891, M. Robert Bouchon se démit immédiatement de cette fonction, la jugeant incompatible avec celle de lieutenant de Gendarmerie qu'il détenait en même temps. Oudinot fut alors appelé à lui succéder (Arch. mun Bar ; reg. des délib.).

(2) Arch. mun. Bar ; gardes nationales.

(3) Décret du 21 juin 1791, levée de 100.000 gardes nationaux.

(4) Arch. mun. Bar; gardes nationales.

cations, sa signature « Oudinot-Derlin ». Il ajoutait à son nom patronymique, celui de sa femme.

Il fut affecté au 3e bataillon des Volontaires de la Meuse, constitué à Bar-le-Duc. Le 31 août 1791, il y était nommé, à la majorité des suffrages, lieutenant-colonel en second (1). Quelques jours après, il quittait Bar, en tête de ce bataillon, pour se rendre avec lui d'abord à Verdun ; puis, sur la frontière du nord-est vers Thionville.

De ce moment, Nicolas-Charles Oudinot commençait la longue et brillante carrière militaire qu'il devait parcourir et qui est bien connue de tous. Elle le mena aux quatre coins de l'Europe et lui fit prendre part à de nombreuses actions où il eut un rôle important et glorieux. Ce ne fut toutefois pas sans danger pour sa vie et sans laisser beaucoup de son sang en maints endroits ; car il reçut tant de blessures que son corps, au dire d'un de ses contemporains, était devenu « *une véritable écumoire* ».

Sa bravoure, son caractère, ses qualités de commandement le portèrent au plus haut grade de l'armée. Ils lui firent aussi décerner, avec des titres de noblesse, de nombreuses récompenses honorifiques ; ils lui valurent encore, de la part de l'Empereur, cette appellation flatteuse et glorieuse de « *Bayard de l'armée française* ».

Il devint Maréchal de France et pair de France ; grand aigle de la Légion d'honneur ; grand croix de St-Louis, etc. ; comte de l'Empire, duc de Reggio ; grand chancelier de la Légion d'honneur et enfin Gouverneur des Invalides.

II

Nicolas-Charles Oudinot épousa, à Bar, en l'église St-Étienne, le 15 septembre 1789, Françoise-Charlotte Derlin, née, à Bar,

(1) Le lieutenant-colonel en premier, chef du 3e Bataillon des Volontaires de la Meuse, fut Florentin Ficatier. Il était né, à Bar-le-Duc, le 19 février 1765 et il avait servi dans le régiment de Savoie-Carignan de juin 1781 à septembre 1789 ; il y avait porté pendant 4 ans les galons de sergent. Il devint général de brigade, baron de l'Empire et il est mort, à Saint-Nicolas du Port, le 28 novembre 1817.

sur la paroisse de cette même Église. Son acte de naissance donne, sur elle et sur sa famille, les renseignements suivants :

Charlotte, fille légitime de François-Maurice Derlin et de Marie-Anne Devouge (1) son épouse, est née et a été baptisée le douze octobre 1768 : elle a eu pour parrain messire Gaspard-Hardouin-François d'Ambly, marquis des Ayvelles, chevaillier de l'ordre royal et militaire de St-Louis, ancien capitaine de dragons au régiment d'Orléans et pour marraine dame madame Jeanne-Charlotte de Vyard, baronne du Saint-Empire (2).

Signé : Dambly desayvelles — Vyard d'ambly desayvelles — J. Saulnier vicaire.

L'acte de mariage contient encore d'autres renseignements intéressants; en voici un extrait :

L'an 1789, le 15 septembre. . . . ., le sieur Nicolas-Charles Oudinot, fils mineur du sieur Nicolas Oudinot ngt et de Marie-Anne Adam. . ., paroissiens de cette ville et originaires de cette ville, d'une part; et Dlle Françoise-Charlotte Derlin, fille mineure du sieur François-Maurice Derlin, négociant, originaire de Neufbrisach et de Marie-Anne

(1) Le nom se rencontre orthographié de plusieurs manières : Devouge; Devousge ; Devoulge.

(2) Jeanne-Charlotte de Viard d'Attignéville, née à Cousances-aux-Forges (Meuse), le 23 avril 1700, baronne du Saint-Empire romain, était veuve en premières noces « de haut et puissant seigneur Messire Armand-Jean de Broussel, chevalier, seigneur comte de la Neufville-aux-Bois, etc. (décédé en 1742 et qu'elle avait épousé, à Cousances, le 28 décembre 1716). Elle s'était remariée, à Loisey (Meuse), en 1763, à Messire Gaspard-François-Hardouin d'Ambly, marquis des Ayvelles († Bar, 31 juillet 1779). Elle mourut à Bar, le 4 octobre 1791.

De son premier mariage, elle eut plusieurs enfants, dont « haut et puissant seigneur Messire Nicolas-Antoine-Augustin de Broussel, chevalier, seigneur comte d'Ambonville et d'Aillancourt, capitaine de cavallerie à la suite du régiment Bourbon-Dragons », qui épousa, à Ligny, le 14 décembre 1772, Mlle Marie-Anne-Reine Brigeat de Lambert, fille de Messire Jean Brigeat de Lambert, écuyer, seigneur de Morlaincourt, etc., et de Mme Elisabeth-Reine Billaudel. D'où post.

La baronne de Viard, son fils et la comtesse de Broussel assistèrent à la passation du contrat pour le mariage de Françoise-Charlotte Derlin avec Nicolas-Charles Oudinot. — Voir p. 54.

De longues années après, le Maréchal Oudinot venait en aide aux deux fils émigrés du comte de Broussel et de Marie-Anne-Reine Brigeat de Lambert pour la régularisation de leur situation.

Devousge, originaire de Ville Parisis, diocèse de Paris, ses père et mère de cette paroisse [*St-Estienne*] d'autre part. . . . [*ont reçu*] la bénédiction nuptiale. . . . . en présence du sieur Nicolas Adam lieutenant de maire en cette ville, oncle de l'époux; du sieur Gabriel Adam, son oncle; de Dlle Madeleine Derlin (1); du sieur Jean-François Oudinot, frère de l'époux; de Mr Jean-Baptiste Harmant, avocat en parlement; de Mr Pierre Magron, aussi avocat en parlement, amis de l'épouse, qui ont signé avec les époux et maître Jean-Baptiste Mayeur diacre ».

Signé : N.-C. Oudinot; — Françoise-Charlotte Derlin; — M. Derlin; — N. Oudinot; — Harmand; — Adam; — G. Adam; — M. Derlin; — Magron; — J.-F. Oudinot; — Adam; — C. Rollet adm.; — Mayeur diac.; — François.

L'avant-veille du mariage, un contrat avait été passé devant Me Varnesson, notaire à Ligny (2).

La future recevait de ses parents, en dot, « *la somme de 16.140 livres et ce non compris celle de douze cent nonante une livre treize sols huit deniers qui lui appartiennent et qui lui procèdent du legs qui lui a été fait par M. le Marquis des Ayvelles son parein* ». La dot fut acquittée par un abandon de terres sur le finage de Combles (3); de prés et de vignes sur les finages de Savonnières (3), Véel (3) et Bar; de plusieurs contrats de constitution dont le montant en principal s'élevait à 8.939 livres.

De son côté, le futur recevait de ses parents une dot de 20.052 livres, constituée en une maison à Bar; un corps de gagnage à Combles; un grand pré, proche Marbot; des vignes en divers lieux du finage de Bar et un titre de rentes au principal de 3.100 livres. La maison était située en la rue de Savonnière et attenante à celle des parents (4).

Assistaient à la passation du contrat :

Le sieur Nicolas-Charles Oudinot, fils mineur du sieur Nicolas Oudinot, négotiant demeurant à Bar et de demlle Marie-Anne Adam

(1) Sœur de l'épouse.

(2) Arch. Meuse. — Série C, contrôle des actes des notaires; Reg. 1956.

(3) Combles : com. à 4 k. S.-O. de Bar; — Véel : com. à 3 k. O. de Bar; — Savonnières-devant-Bar : com. à 2 k. S.-S.-E. de Bar.

(4) Celle qui porte aujourd'hui le no 47 de la rue Oudinot.

son épouse, assisté des sieur et dame, ses père et mère ; du sieur Jean-François Oudinot, son frère mineur ; de Me Nicolas Adam, conseiller du roi, lieutenant de maire et de police de Bar, son oncle maternel ; du sieur Jean Vannesson, de dlle Catherine Oudinot son épouse, demts à Marats, son oncle et tante paternel ; de demoiselle Marie-Anne Hussenot, fille majeure démt à Rembercourt-au Pot, sa cousine germaine paternelle (1) ; du sieur Gabriel Adam, aubergiste demt à Bar, son cousin germain paternel ; de Me Antoine-Gaspard Montardier, conseiller du roy au bailliage de Bar ; et de Me Henry de la Faye, avocat au parlement, demt, au dit Bar, ses amis, d'une part ;

Et demoiselle Françoise-Charlotte Derlin, fille mineure du sieur François-Maurice Derlin, négociant, bourgeois de Bar, y demt, et de dlle Marie-Anne Devouge, son épouse, assistée desdits sieur et dame ses père et mère ; de dlle Marie-Madeleine-Scholastique Derlin, sa sœur ; de haut et puissant seigneur Messire Nicolas-Antoine-Auguste comte de Broussel, chevalier, seigneur et baron d'Ambonville, capitaine et chevalier de l'ordre royal et militaire de Saint-Louis ; de haute et puissante dame Madame Marie-Anne-Reine Brigeat de Lambert, comtesse de Broussel ; de haute et puissante dame Jeanne-Charlotte de Viard, née baronne du Saint-Empire, veuve, en premières noces, de haut et puissant seigneur Armand-Jean de Broussel, comte de la Neufville et, en secondes, de haut et puissant seigneur Gaspard Hardouin d'Ambly, marquis des Ayvelles, chevalier de Saint-Louis, sa marraine, d'autre part.

Le 22 mai 1810, « *Madame Françoise-Charlotte Derlin, épouse de son Excellence Monseigneur Charles-Nicolas Oudinot duc de Reggio, maréchal de l'Empire, grand aigle de la Légion d'honneur, commandant de l'ordre de St Henry de Saxe, chevalier de l'ordre de la couronne de fer, président à vie du collège électoral du département de Seine et Oise et commandant en chef l'armée Gallo-Batave* » décédait à Bar-le-Duc en l'hôtel que son mari s'était fait construire, rue Lapique. Son corps fut inhumé dans un terrain particulier, acheté spécialement pour le recevoir, situé au chevet de l'église Notre-Dame et adjacent au cimetière de la ville (2).

Le Maréchal avait eu, de Françoise-Charlotte Derlin, sept enfants dont six vivaient en l'année 1810.

(1) En réalité, sa cousine issue de germains.

(2) Voir à ce sujet la première partie de ce travail.
Le Maréchal n'était pas à Bar, retenu en Hollande par son commandement.

III

Le 19 janvier 1812, « *son Excellence M. Nicolas-Charles Oudinot, duc de Reggio, maréchal de l'Empire français, grand-aigle de la Légion d'honneur, etc.* » se remariait à Vitry-le-François. Il y épousait :

Mademoiselle Marie-Charlotte-Eugénie-Julienne de Coucy, née le onze juillet 1791 en la commune de Mersuay (1), département de la Haute-Saône, fille mineure de feu M. Antoine-Nicolas de Coucy, décédé, ancien capitaine commandant au service de France, le trois floréal an 5 (2)..... et de Mme Marie-Gabrielle Maignien, demeurante en cette commune [*Vitry-le-françois*], ci-présente et consentante, en présence de : « Mr Louis Enguerrand de Coucy, ancien officier au service de France, membre du collège électoral du département de la Marne, du conseil d'arrondissement de Vitry-sur-Marne, demeurant à Hancourt (3), agé de 49 ans, oncle paternel de l'épouse ; — Mr Jean-François Dupin de la Guérivière, ancien lieutenant de vaisseaux au service de France, colonel de chasseurs, pensionné du gouvernement, actuellement payeur du trésor public dans le département de la Meuse, demeurant à Bar-sur-Ornain, âgé de 50 ans, beau-frère de la ditte demoiselle épouse à cause du mariage contracté avec dame Marie-Claude-Christine de Coucy, sœur [*ainée*] de la ditte demoiselle épouse ; — M. Joseph Poriquet, inspecteur des postes

(1) Mersuay, commune du cant. de Port-sur-Saône, arr. de Vesoul (Haute-Saône).

(2) « Ce jourd'hui quatre floréal an 5 (devant le maire de Vesoul, ch.-l. du département de la Haute-Saône), s'est présenté le citoyen Billette, chirurgien, lequel (a déclaré) que le citoyen Antoine-Nicolas Coussy, capitaine commandant au régiment d'Artois-Infanterie, âgé de 55 ans, domicilié à Mersuay, canton de Faverney, même département que dessus, fils de furent Antoine Coussi et de Marie Conighan, est décédé hier, environ les neuf heures du matin, au domicile dudit Billette. » (Reg. de l'Etat civil de Vesoul ; acte de décès).

Antoine-Nicolas de Coucy était né à Balignicourt (cant. de Chavanges ; arr. d'Arcis-sur-Aube, Aube), le 10 septembre 1743 ; fils de Louis-Antoine de Coucy et de Marie de Conigham. Il avait épousé à Mersuay, le 19 mars 1778, Marie-Gabriel Maignien. (Renseignements extraits d'un jugement du tribunal civil de Bar-le-Duc, en date du 30 septembre 1825 et dont la teneur a été transcrite sur les registres de l'Etat civil de cette ville).

(3) Hancourt, village dépendant de la commune de Margerie-Hancourt ; cant. de Saint-Remy-en-Bouzemont ; arr. de Vitry-le-François (Marne).

aux lettres, membre du collège électoral du département de la Meuse et du conseil municipal de Bar-sur-Ornain, y demeurant, âgé de 50 ans, beau-frère de son Excellence à cause de dame Marie-Madeleine-Scholastique Derlin son épouse; — et Mr Guillaume La Trille, baron de Laurencez, général de brigade, chef de l'Etat-major de l'armée d'observation en Hollande, agé de 39 ans, demeurant à Paris, gendre à son Excellence à cause de Nicollète-Elisabeth-Caroline Oudinot, son épouse.

Quatre enfants naquirent de ce second mariage.

Le Maréchal Oudinot est mort, à Paris, le 13 septembre 1847, dans sa 81e année.

Sa veuve, Eugénie de Coucy, se retira à Bar-le-Duc où elle vécut constamment jusqu'au jour de son décès, habitant l'hôtel de la rue Lapique, qui est aujourd'hui l'hôtel de ville de Bar. Elle y est morte le 20 avril 1868; son corps fut inhumé dans le cimetière du Maréchal. « *Sa gracieuse bienveillance pour tous, son inaltérable charité ont entouré sa vie d'affection et de respects, sa tombe de regrets et d'hommages* », dit un chroniqueur à l'occasion de son décès (1).

IV

Le Maréchal Oudinot avait terminé, avec sa vie, sa longue carrière militaire, étant décédé à son poste de gouverneur des Invalides. Son corps est resté dans cet établissement; il n'a dans son propre cimetière à Bar qu'une plaque mortuaire (2).

Un marbre de la forme d'une pierre tumulaire, a été placé, à sa mémoire, dans la chapelle des Invalides. Il est appliqué contre un des piliers du côté droit; contre celui proche de la chaire, dans la partie où s'élève l'autel. Il est surmonté d'un médaillon, offrant la figure du Maréchal, entouré de palmes et portant en exergue ces mots : Cs-Ns OUDINOT, DUC DE REGGIO.

(1) *Echo de l'Est* du 29 avril 1868.

(2) Voir la première partie de ce travail, p. 24.

On y lit, gravée, l'inscription suivante :

NÉ A BAR-LE-DUC, LE 26 AVRIL 1767,
CHEF DU 3e BATon DE LA MEUSE EN 1791,
COMMANDANT EN CHEF
LES GRENADIERS ET VOLTIGEURS RÉUNIS EN 1805,
MARÉCHAL DE FRANCE EN 1809,
MINtre D'ÉTAT ET PAIR DE FRANCE EN 1814,
COMMANDANT EN CHEF
LA GARDE NATle DE LA SEINE EN 1815.
Gd CHANCELIER DE LA LÉG. D'HONr EN 1840,
GOUVERNEUR DES INVALIDES LE 21 8bre 1842,
MORT A L'HOTEL LE 13 7bre 1847.

PRIEZ POUR LUI.

Au cours de son existence, à maintes reprises, le Maréchal Oudinot montra le profond amour qu'il conservait pour sa ville natale et pour ses compatriotes. Il leur resta toujours dévoué, mettant à leur service, pour défendre, protéger et même favoriser leurs intérêts, la grande influence qu'il pouvait retirer des hautes fonctions qu'il occupait (1).

Aussi, à peine son cercueil était-il descendu dans le caveau des gouverneurs des Invalides que le « *Conseil municipal* [de Bar], *fidèle interprète des vœux ainsi que des sentiments de gratitude et d'admiration de la population, arrêta d'une voix unanime, le 5 octobre 1847, qu'une statue* [lui] *serait élevée, au moyen d'une souscription nationale, sur une des places de la cité* » (2).

Le Maire en informait immédiatement la veuve du Maréchal par une lettre, en date du 7 octobre 1847, qu'il terminait ainsi :

« *La ville de Bar, madame la duchesse, veut rappeler à perpétuité et chaque jour à ses enfants, les bienfaits et la gloire de M. le Maréchal...*

« *M. le Maréchal ne mourra jamais parmi nous. La ville, qu'il a tant aimée, lui conserve, à son tour, un amour éternel* ».

(1) Voir, à l'Annexe, une délibération du conseil municipal de Bar-le-Duc.
(2) Note sur le Maréchal Oudinot par E. Florentin. *Annuaire Meuse*, 1869, p. 66.

La statue, élevée sur la place de la Municipalité, — aujourd'hui dénommée place Reggio — a été inaugurée le 29 septembre 1850 (1). Elle « *réunit, à un aspect imposant et digne, une grande ressemblance* » (2). Le Maréchal est représenté en pied, tenant de la main droite le bâton de commandement qui repose sur la culasse d'un canon et saisissant de la main gauche la poignée de son épée.

La façade du monument porte cette inscription :

AU
MARÉCHAL OUDINOT
DUC DE REGGIO.
NÉ A BAR-LE-DUC LE 25 AVRIL 1767.
VOLONTAIRE EN 1792.
DÉCÉDÉ GOUVERNEUR DES INVALIDES
LE 13 SEPTbre 1847.
SOUSCRIPTION NATIONALE.

Au-dessous, un bas-relief en bronze représente le lieutenant-colonel Oudinot quittant Bar en tête du 3e bataillon des volontaires de la Meuse.

V

Les onze enfants qu'eut le maréchal Oudinot sont :

A. du premier lit :

1er Marie-Louise, 1790-1832; mariée au Général Pajol; d'où post.

2e Nicolas-Charles-Victor, 1791-1863; général de division, marié; d. p.

3e Nicolette, an IV-1865; mariée au Général Latrille de Lorencez; d. p.

(1) L'inauguration devait avoir lieu le 25 septembre, jour anniversaire de la bataille de Zurich où le maréchal Oudinot s'était particulièrement distingué. Elle fut remise au dimanche suivant « pour satisfaire au vœu des populations et les mettre à même de prendre part à une manifestation qui a toutes leurs sympathies » (Extrait de la lettre d'invitation à la cérémonie).

(2) *Echo de l'Est* du 7 février 1850. Procès-verbal de la commission constituée pour l'érection de la statue.

4e Emélie, an 5-an 13.

5e Auguste-Numa; 1799-1835; colonel tué en Afrique; sans alliance.

6e Elisa, an 10-1882; mariée à M. Chevalier, baron de Caunan; d. p.

7e Stéphanie, 1808-1893; mariée à M. Hainguerlot; d. p.

B. du second lit :

8e Louise-Marie-Thérèse, 1816-1909; mariée à M. de Vesins; d. p.

9e Caroline-Marie-Philippine-Ferdinande-Louise, 1817-1896; mariée à M. Cuiller-Perron; sans post.

10e Joseph-Gabriel-Charles, 1819-1858; lieutenant-colonel d'infanterie; marié; post. éteinte.

11e Victor-Angélique-Henri, 1822-1891; général de brigade; marié; sans post.

CHAPITRE III

Les descendants.

I[1]

MARIE-LOUISE OUDINOT ;

née, Bar-le-Duc, le 21 août 1790 ; † Paris, le 18 avril 1832, une des premières victimes du choléra ; = le 31 mars 1808, à la mairie du Pont de Saint-Maur (Seine) (1), le baron Claude-Pierre Pajol, général de brigade ; né, Besançon, le 3 février 1772 ; † Paris, le 20 mars 1844, général de division, comte de l'Empire, grand croix de la Légion d'honneur, etc. ; fils de André-Joseph Pajol (né le 11 août 1746) et de d^lle^ François-Elisabeth Nodier (qui se sont mariés le 27 avril 1771).

Le corps du général Pajol, d'abord inhumé au Père-Lachaise, repose aujourd'hui à Nozeroy (2) (Jura) dans un tombeau, construit sur les plans de son fils aîné et qui ne porte,

(1) Acte de mariage et livre : *Pajol, général en chef*, par le général de division comte Pajol, son fils aîné ; t. II, p. 295.

Un décret de l'Empereur, en date du 19 mars 1808, avait nommé le général Pajol « baron de l'Empire ».

« La famille Oudinot habitait, à cette époque, le château de Poulangis (ou Polangis) situé sur les bords de la Marne et près du pont appelé *pont de Joinville* ». Les jeunes époux « s'établirent au château de Poulangis qui faisait partie de la dot, constituée par le général Oudinot à sa fille ».

La commune du Pont de Saint-Maur est incorporée aujourd'hui dans celle de Joinville-le-Pont ; cant. de Saint-Maur-des-Fossés ; arr. de Sceaux (Seine).

(2) Nozeroy : ch.-l. de c. ; arr. de Poligny (Jura).

pour épitaphe, que ce seul mot « Pajol ». A une extrémité du tombeau se trouve la statue couchée d'un hussard qui en figure le gardien et sur cette statue, on lit « Fecit général comte Pajol ». Le corps de Marie-Louise Oudinot et celui d'une fille, morte en bas âge, qui avaient été pareillement inhumés à Paris, ont été aussi ramenés à Nozeroy et déposés à côté de celui du général. Quelques cyprès ombragent toujours le monument comme l'a voulu le fils aîné (1).

Le général Pajol a sa statue à Besançon; elle est encore l'œuvre de son fils aîné. Elle a été inaugurée le 28 août 1864.

Deux fils et une fille sont nés de cette union.

II[1] Charles-Pierre-Victor, comte Pajol; né, Paris, 7 août 1812; + Paris, le 3 avril 1891, général de division, commandeur de la Légion d'honneur ; son corps repose à Nozeroy (Jura), à côté de celui de son père et de sa mère. = Paris, le 25 mai 1844, mademoiselle Louise-Marguerite-Gédéon-Zoé Bailly de Monthion; née, Paris, le 16 août 1820 ; + Paris, le 20 janvier 1893; inhumée dans le cimetière de Créteil (Seine); fille du général de division Bailly comte de Monthion, grand croix de la Légion d'honneur, ancien pair de France (né à l'Ile Bourbon en 1776; + septembre 1850) et de Victorine-Françoise-Zoé de Chéret (née, Paris, le 13 juillet 1787; + Paris, 10 août 1843); d'où :

III[1] Marie-Louise-Zoé-Charlotte Pajol; née, Paris, le 17 avril 1845 : = Paris, le 7 juillet 1863, René-Paul-Emmanuel Bocher, capitaine d'Etat-major; d'où :

IV[1] Marie Bocher; née, Paris, le 4 avril 1864, = Paris, le 7 juillet 1885, Armand-François-

(1) *Pajol, général en chef; op. cit.* — Lettre particulière du curé de Nozeroy en date du 23 mars 1911.

Marie-Moreau baron de la Rochette, alors lieut. au 7e régt. de cuirassiers; né, la Rochette (1), le 17 janvier 1856; d'où :

V[1] Constance Moreau de la Rochette; née, Versailles, le 3 mai 1886.

V[2] Elisabeth M. de la R.; née, Paris, le 17 juillet 1887.

V[3] Marguerite M. de la R.; née, Paris, le 21 novembre 1888.

V[4] Charles M. de la R.; né, la Rochette, le 2 novembre 1890.

V[5] Françoise M. de la R.; née, la Rochette, le 23 mars 1892.

V[6] Aline M. de la R.; née, la Rochette, le 9 février 1894.

V[7] Geneviève M. de la R.; née, la Rochette, le 2 janvier 1896.

V[8] Louis M. de la R.; née, la Rochette, le 23 juillet 1897.

V[9] Jean M. de la R.; né, la Rochette, le 28 juillet 1898.

V[10] et V[11] Marie et Antoine M. de la R.; nés, la Roch., le 10 avr. 1900.

V[12] Elie M. de la R.; né, la Rochette, le 2 janvier 1902.

IV[2] Aline-Marie-Marthe Bocher; née, Versailles, le 6 août 1871, = Paris, le 6 juillet 1893, Charles-Adolphe-Joseph-Vincent de Paul Baudon de Mony, archiviste-paléographe; d'où :

V[1] Marie-Charlotte Baudon de Mony; née, Paris, le 21 juin 1894.

(1) La Rochette; com.; cant. S. et arr. de Melun.

V² Emmanuel B. de M.; né, Paris, le 11 août 1896; † Paris, 9 mai 1899.

V³ Alexandrine B. de M.; née, Paris, le 6 janvier 1902.

V⁴ Victor-Emmanuel B. de M.; né, Paris, le 21 novembre 1904.

III² Napoléon-Pierre-Stéphan-Gédéon-Marie Pajol; né, Paris, le 7 février 1848; † Paris, le 28 avril 1894; chef de bataillon d'infanterie, officier de la Légion d'honneur; inhumé à Neuilly-sur-Seine. = Paris, le 2 mai 1877, mademoiselle Louise Deschamps; née, Paris; † Paris, le 31 mai 1877; inhumée à Neuilly; fille de M^r^ et Mme Pierre Deschamps; sans postérité.

II² Anne-Victorine Pajol; née 1814; † Paris, le 17 juillet 1817. Son corps repose à Nozeroy dans le tombeau de son père.

II³ Louis-Eugène-Léonce, vicomte Pajol; né, Paris, le 15 novembre 1817; † Paris, le 18 avril 1885; général de brigade, commandeur de la Légion d'honneur; inhumé à Bellozanne (1) (Seine-Infér.); = Paris, le 11 novembre 1851, mademoiselle Marguerite-Eve Certain de Bellozanne; née, Paris, le 25 janvier 1829; † château de Bellozanne, le 29 août 1888; fille du vicomte Charles Certain de Bellozanne et de Mlle de Trévise; d'où :

III Malvina-Françoise-Armandine Pajol; née, Paris, le 16 janvier 1860; † Saint-Germain-en-Laye (2), le 23 septembre 1903; = Paris, le 18 novembre 1878, M. Henri Estignard de la Faulotte, secrétaire d'ambassade; fils de Louis-Ernest et de Marie Estignard de la Faulotte (sa cousine); d'où :

(1) Chât. de Bellozanne; com. de Brémontier-Merval; cant. de Gournay; arr. de Neufchâtel (Seine-Inf.).

(2) Saint-Germain-en-Laye; ch.-l. de c.; arr. de Versailles (S.-et-O.).

IV Hélène-Eugénie-Françoise-Rose Estignard de la Faulotte; née, Paris, le 17 septembre 1880. = Paris, le 20 février 1902, Louis-Nicolas-Marie-Bernard D'Avout d'Auerstædt, alors lieut. au 13ᵉ rég. d'infanterie; né, Clermont-Ferrand, 24 mars 1877; fils du général de division Léopold-Claude-Étienne-Jules-Charles D'Avout, duc d'Auerstædt (né, Escolives, Yonne (1), le 9 août 1829; † 12 février 1904), et de Jeanne-Alice de Voize; d'où :

V¹ Marguerite-Alice-Françoise-Malvina D'Avout d'Auerstædt; née, Paris, le 18 janvier 1903.

V² Léopold D. d'A.; né, Paris, le 12 février 1904.

V³ Malvina D. d'A.; née, Paris, le 15 février 1905.

V⁴ Claire D. d'A.; née, Paris, le 24 mars 1906.

V⁵ François D. d'A.; né, Paris, le 20 juillet 1907.

V⁶ Henri D. d'A.; né, Paris, le 7 janvier 1909.

V⁷ Jacqueline D. d'A.; née, Paris, 3 août 1910.

V⁸ Bernadette D. d'A.; née, Paris, le 10 juillet 1911.

(1) Escolives : com.; cant. de Coulanges-la-Vineuse; arr. d'Auxerre (Yonne).

I²

NICOLAS-CHARLES-VICTOR OUDINOT ;

né, Bar-le-Duc, le 3 novembre 1791 ; 2e duc de Reggio ; général de division, grand-croix de la Légion d'honneur, commandeur de Saint-Louis, grand-croix de l'ordre de Pie IX, etc. ; commandant en chef de l'expédition de Rome en 1849 ; † Coudray-sur-Seine (1), le 6 juillet 1863 ; inhumé à Paris dans son caveau de famille particulier ; il a une plaque commémorative au cimetière de son père à Bar-le-Duc ; = le 20 mars 1820, Eulalie-Jeanne-Louise-Sélima Mainguet..... ; †, Paris, le 16 mai 1886, âgée de 84 ans ; d'où :

II¹ Charles-Louis-Victor, marquis Oudinot ; né, le 16 janvier 1821 ; en 1863, 3e duc de Reggio ; † au château du Coudray, le 28 décembre 1889, des suites d'un accident de voiture survenu sur le pont de Melun ; son corps repose à Paris, au Père-Lachaise, dans le caveau de sa famille ; = le 16 avril 1849, Françoise-Louise-Pauline de Castelbajac ; née, 24 octobre 1825 ; † le 7 février 1907 ; fille du général marquis de Castelbajac et de Mlle de la Rochefoucauld, d'où :

III¹ Charlotte-Marie-Sophie-Victoire Oudinot ; née 20 août 1850 ; = le 6 novembre 1871, Marie-Maximilien-Charles Pourroy de Laubérivière, marquis de Quinsonnas, ancien capitaine de cavalerie ; † Mérieu (2) (Isère), le 30 septembre 1894, âgé de 54 ans ; d'où :

IV¹ Arthus Pourroy de Laubérivière, marquis de Quinsonnas ; = le 26 avril 1909, Mlle de Vaulserre.

(1) Château du Coudray-sur-Seine : com. de Le-Coudray-Montceaux ; cant. et arr. de Corbeil (S.-et-O.).

(2) Mérieu : village dans la com. de Creis-et-Puisignieu ; cant. de Morestel ; arr. de la Tour-du-Pin (Isère).

IV² Paul P. de L. de Quinsonnas; = Mlle Odette Emé de Marcieu; fille du colonel Henry-Marie-Thérèse-Albéric-Hélye-Gaston Emé, marquis de Marcieu, breveté d'Etat-major, commandant le 14e dragons, chevalier de la Légion d'honneur et de Marie de Saint-Chamans.

IV³ Henriette P. de L. de Quinsonnas; = Paris, le 11 octobre 1902, Henry-Charles-Marie-Yve, marquis de Chavagnac; né en 1865; fils des défunts Edouard-Marie, marquis de Chavagnac, et de Colette-Marie-Eugénie Le Gonidec de Traissan, d'où :

V¹ Edouard de Chavagnac.

V² Geneviève de Chavagnac.

IV⁴ Pauline P. de L. de Quinsonnas.

III² Armand-Charles-Jean, marquis Oudinot; né le 11 décembre 1851; en 1889, 4e duc de Reggio; † le 14 mars 1905; = Paris, le 24 juillet 1879, Mad^lle^ Suzanne de la Haie de Cormenin; née, Paris, 30 mai 1858; fille de François-Louis-Justin-Eugène de la Haie de Cormenin et de Louise-Hélène-Florentine Dorat, d'où :

IV¹ Louise-Charlotte-Hélène Oudinot; née 28 mars 1881; † au chateau de Jenzat (1) (Allier), le 13 janvier 1912; inhumée, le 18, à Paris, au cimetière du Père-Lachaise; = Paris, le 20 février 1908, le vicomte de Roquefeuil.

IV² Henri-Charles-Victor-Roger Oudinot; né le 23 octobre 1883; en 1905, 5e duc de Reggio.

(1) Jenzat : com.; cant. et arr. de Gannat (Allier).

I³

Nicolette(1) OUDINOT;

née, Bar-le-Duc, le 11 brumaire an 4; † Fains (2), le 9 avril 1865; = Paris, le 21 septembre 1811, le général de brigade Guillaume Latrille, baron de Lorencez; né, Pau, le 21 avril 1772; † Bar-le-Duc, le 1er octobre 1855; général de division, grand officier de la Légion d'honneur, etc.; fait comte en 1813; fils de Jean-Médard Latrille et de Marie-Adèle Lacrampe.

Les corps des deux époux reposent à Bar, sous la même pierre tombale, dans le cimetière du Maréchal.

D'où :

II¹ Victorine-Charlotte Latrille de Lorencez, née, Bar, le 20 octobre 1812; † Paris, le 12 mai 1877; = Bar, le 10 février 1836, Ernest-Jacques-Emile Cisternes de Veilles, receveur d'enregistrement; né, Paris, le 22 messidor an 9 (11 juillet 1801); † Mortagne (3), le 21 novembre 1853, conservateur des hypothèques; veuf de dame Julie-Clémence Eparvier († Bernay, Eure, le 22 décembre 1834); fils de Antoine-Marie Cisternes de Veilles, vivant directeur des domaines à Vendôme († le 7 octobre 1826 à Vendôme, Loir-et-Cher), et de Anne-Marie Horens; — d'où :

III Raoul-Guillaume Cisternes de Veilles; né, Paris, le 16 février 1837; fut sous-lieutenant au 1er zouaves et blessé au Mexique; chevalier de la Légion d'honneur; = en 1res noces, Bar, le 14 novembre 1866, Hermine-Caroline Maucler, rentière, domiciliée à Bar; née, Montmédy (4), le 24 juillet 1830; veuve

(1) Ce seul prénom est donné par l'acte de naissance et est inscrit sur l'acte de décès. Sur deux actes de mariage, j'ai relevé le nom accompagné des prénoms *Nicolette-Elizabeth-Caroline*.

(2) Fains : com.; cant. et arr. de Bar-le-Duc (Meuse).

(3) Mortagne : ch.-l. d'arr. (Orne).

(4) Montmédy : ch.-l. d'arr. (Meuse).

de Alexis-Camille de Chamisso de Gironcourt, vivant propriétaire († Bar le 9 octobre 1857); fille des défunts Alexandre Maucler, vivant receveur des domaines en retraite († Sainte-Menehould (1) 29 août 1853), et de Hermine Colin († Montmédy 25 janvier 1836); = en 2es noces, Paris, 21 mars 1886, Dlle Alphonsine-Louise Lesage, veuve d'Adolphe-Nicolas Maillard. Du premier mariage :

IV Jeanne Cisternes de Veilles.

II² Charles-Ferdinand Latrille de Lorencez; né Paris le 23 mai 1814; parrain, le duc de Berry; † au château de Laas (2), le 23 avril 1892; général de division, grand officier de la Légion d'honneur, etc.; ayant commandé en chef le premier corps expéditionnaire du Mexique en 1862; = à Héritein (Basses-Pyrénées), le 26 novembre 1856, Euphémie-Caroline-Marie Nicolaza Lloret; née 1830; † avril 1908 : d'où :

III¹ Charles-Victor Latrille de Lorencez; né, Vesoul, 2 juillet 1858; † à 20 ans.

III² Catherine-Marie-Adèle L. de L.; née Bourbonne (3); 25 novembre 1859; † Vesoul, 7 mai 1860; inhumée à Bar dans le cimetière du Maréchal Oudinot.

III³ Guillaume L. de L. : † à 20 ans.

III⁴ Etienne-Ferdinand-Robert Latrille de Lorencez, né, Nancy, le 15 juillet 1864; habite le château de Laas (Basses-Pyrénées).

III⁵ Marie-Séraphine-Germaine L. de L.; = en 1res noces, Laas (Basses-Pyrénées), le 4 octobre 1893, Gérald-Pierre-Marie-Patrice O'Gorman comte romain; né, Nancy, 20 octobre 1863;

(1) Sainte-Menehould : ch.-l. d'arr. (Marne).
(2) Laas : com.; cant. de Sauveterre; arr. d'Orthez (Basses-Pyrénées).
(3) Bourbonne-les-Bains : ch.-l. de cant.; arr. de Langres (Haute-Marne).

† Lyon le 29 juillet 1906; fils de Ferdinand-Alfred comte O'Gorman et de Marguerite-Alice d'Hoffelize; s. p.; = en 2es noces, Paris, le 6 décembre 1910, le comte Henri de la Bassetière.

II3 Adèle-Marie-Victorine Latrille de Lorencez; née, Paris, le 26 septembre 1815; † Vitry-le-François, le 21 juin 1909; = Bar-le-Duc, le 25 octobre 1841, Edouard Ragon, avoué; né, Vassy, le 13 brumaire an 10 (4 novembre 1801); † Vitry-le-François, le 14 février 1896, ancien conseiller à la Cour de Nancy; veuf de Marie-Thérèse Gand († Bar, le 6 janvier 1839); fils de Nicolas Ragon, vivant juge de paix à Saint-Dizier (1) († Saint-Dizier, le 7 juillet 1810), et de Marie-Agathe-Madeleine Boulland († Saint-Dizier, le 2 mai 1818); d'où:

III Stéphanie Ragon; née, Bar-le-Duc, 3 janvier 1843; † Vitry-le-François, le 8 février 1895; = Nancy, le 24 avril 1865, Georges de Saint-Genis, percepteur des contributions directes; né, Vitry-le-François, le 4 décembre 1836; † Vitry, le 20 mars 1901; fils de Auguste-Louis de Saint-Genis, président du tribunal civil de Vitry-le-François et de Françoise-Joséphine Demengeot; d'où :

IV1 Marie-Adèle-Louise de Saint-Genis; née, Nancy, le 5 avril 1866; † Vitry-le-François, le 12 mai 1896; = Vitry, le 27 novembre 1888, Marie-Eugène-Louis de la Fournière (2); né, Glannes (3) (Marne), le 18 mai 1862; fils de Charles-Joseph de la F. et de Louise Bontemps de Montreuil, d'où :

(1) Saint-Dizier : ch.-l. de cant.; arr. de Vassy (Haute-Marne).

(2) Est aujourd'hui remarié à Mlle Louise-Elisabeth-Marie-Lucie de la Hamayde.

(3) Glannes : com.; cant. et arr. de Vitry-le-François (Marne).

V¹ Jean-Charles-Guillaume de la Fournière; né, Vitry, 1er septembre 1889.

V² Louise-Marie-Madeleine de la F.; née, Vitry, 11 novembre 1890; = Vitry, le 7 mai 1912, Henri Sainte-Claire Deville, sous-inspecteur de l'exploitation de la Compagnie des chemins de fer de l'Est.

V³ Jacques de la F.; né, Vitry, 30 décembre 1892.

V⁴ Antoine de la F.; né, Vitry, 24 avril 1896.

IV² Madeleine-Joséphine de Saint-Genis; née, Sainte-Menehould, le 30 octobre 1868; † Vitry-le-François, 24 mars 1890; sans all.

IV³ Jeanne-Marie-Caroline de Saint-Genis; née, Vitry-le-François, 16 avril 1876; † Lunéville, le 5 août 1901; = Vitry-le-François, le 10 février 1899, Henry David, alors médecin aide-major au 9e régiment de Dragons (1), né, Lombez (Gers), le 20 juillet 1872; fils de Paul David, ancien sous-préfet et ancien conseiller de préfecture de la Moselle et de Anne-Marie-Eudoxie Houchart; d'où :

V¹ Guy-Claude-Georges David; né, Lunéville, le 15 avril 1900.

V² Robert-Marie-Paul David; né, Lunéville, le 27 juin 1901.

II⁴ Emélie-Charlotte-Elisabeth Latrille de Lorencez; née, Bar-le-Duc, le 22 juillet 1819; † Saint-Nicolas du Port (M.-et-M.), le 5 janvier 1906, en la maison de santé des dames de Saint-Charles; sans all.

(1) Est aujourd'hui remarié à Mlle Marie-Claire-Jeanne-Henriette Debay.

I⁴

Emélie OUDINOT;

née, Bar-le-Duc, le 14 pluviôse, an 5; + Bar, le 8 germinal an 13 (29 mars 1805).

I⁵

Auguste-Numa OUDINOT;

né, Bar-le-Duc, le 3 mars 1799; + colonel du 2e régiment de chasseurs d'Afrique; « décédé dans la forêt de Moulé Ismaïn, à environ douze lieues d'Oran (Afrique) par suite de coups de feu reçus dans un combat contre les Arabes, le 26 juin 1835, vers les dix heures du matin » (1). — Son corps, enterré sur place, ne fut plus retrouvé lorsque, quelques mois plus tard, son frère aîné le général Nicolas-Charles-Victor Oudinot vint le rechercher pour le rapporter à Bar où il lui était préparé « une place dans le cimetière de la famille » (2). Une plaque de marbre y rappelle sa mémoire.

(1) Acte de décès.

(2) G. Stiegler. *Le Maréchal Oudinot*, p. 525. — Voir première partie, parag. IV, p. 26.

I[6]

Élisa (1) OUDINOT ;

née en la commune du Pont de Saint-Maur, le 15 frimaire an 10; ✝ Versailles le 5 juin 1882; inhumée à Versailles; = avril 1824 (2), Jean-Georges-Louis-Armand Chevalier, baron de Caunan, longtemps préfet du Var et qui fut préfet de la Meuse du 4 avril 1830 au 5 août 1830; ✝ Versailles, 6 janvier 1863, chevalier de la Légion d'honneur; fils de Jean-Baptiste Chevalier, seigneur de Caunan, maréchal de camp, chevalier de Saint-Louis, gouverneur des possessions françaises au Bengale et de Marie-Anne Robin d'Aligny de la Tremblaye; d'où :

II[1] Eugène Chevalier, baron de Caunan; décédé à l'âge de 25 ans, maréchal des logis de lanciers; sans alliance.

II[2] Marie-Georgina-Caroline de Caunan; née, Paris, 1825, ✝ 10 août 1864; = 1843, Sosthènes-Gonsalve, comte de Broc; né en 1809; fils de Charles-Gabriel, marquis de Broc, lieutenant-colonel des hussards du Rhin, chevalier de la Légion d'honneur, et d'Anne-Marie-Françoise Chevalier (fille de Jean-Baptiste Chevalier, seigneur de Caunan, maréchal de camp, gouverneur des possessions françaises au Bengale); d'où :

III[1] Hervé-Armand-Charles, vicomte de Broc; né, Paris, le 24 janvier 1848; = château des Feugerets (Orne) (3), le 5 février 1878, Mademoiselle

(1) Son acte de naissance ne lui donne que ce seul prénom; son acte de décès porte ceux de *Joséphine-Élisa.* Sur d'autres documents, j'ai trouvé ceux de *Joséphine-Hippolyte-Élisa.*

(2) « Le 1er avril 1824, le roi a signé le contrat de mariage de M. Armand Le Chevalier avec Mlle Oudinot, fille de M. le Maréchal, duc de Reggio » (*Narrat. de la Meuse,* 7 avril 1824).

(3) Chât. des Feugerets (Orne) : com. de La Chapelle-Souef; cant. de Bellême; arr. de Mortagne.

Malcy de Sémallé; née au dit château en 1856; fille d'Adrien-Charles-Victor, comte de Sémallé, garde du corps de Charles X, et de Laure-Blanche-Adélaïde de Romanet de Beaune; — sans enfant.

III² Alix-Élisabeth-Gabrielle de Broc; née, Paris, 1844; + 9 décembre 1870; = au château des Perrais (Sarthe) (1), en 1866, Léonce-Michel-Robert, comte de Lambertye; né le 9 octobre 1834, ancien officier de cavalerie; fils de Emmanuel-Auguste comte de Lambertye, ancien page de Louis XVIII, et d'Élisabeth-Françoise-Eugénie Magnard du Vernay; d'où :

IV¹ Pierre vicomte de Lambertye; né, Nanteuil (Loir-et-Cher) (2), 25 août 1867; = Paris, 2 juillet 1892, mademoiselle Denise de Bonnault-Sauldre; d'où :

V. Alix de Lambertye; née, 30 mars 1893.

IV² Jeanne de Lambertye; née, au château du Cluseau (3), 29 novembre 1870; = Paris, 7 janvier 1890, M. Frédéric-Georges Pigeon de Saint-Pair; né, 6 juillet 1858, capitaine de vaisseau, officier de la Légion d'honneur; sans enfant.

(1) Chât. des Perrais : com. de Précigné; cant. de Sablé; arr. de La Flèche (Sarthe).

(2) Nanteuil : faubourg de Montrichard, ch.-l. de cant.; arr. de Blois (Loir-et Cher).

(3) Chât. du Cluseau : com. d'Estivareilles; cant. d'Hérisson; arr. de Montluçon (Allier).

I[7]

STÉPHANIE OUDINOT;

née, Bar-le-Duc, 6 novembre 1808; + au château de Villandry (1) (Indre-et-Loire) le 18 octobre 1893; inhumée à Paris, Père-Lachaise; = Paris, le 31 décembre 1828, Georges-Tom Hainguerlot; né en 1795, banquier, fait baron le 4 janvier 1829; + Paris, le 26 octobre 1868; inhumé à Paris, Père-Lachaise; d'où :

II[1] Edouard, baron Hainguerlot; né, Paris, le 22 novembre 1832; + Cannes, 7 mars 1888; = Paris, 1856, Alice Blount, née Paris; + Pau, le 9 mai 1873; fille de sir Edward Blount, créé K. C. B. (2) en 1888 par la reine Victoria; († à Imberhorne [Angleterre] le 15 mars 1905, à 96 ans), et de Frances-Gertrude Jerningham († à Imberhorne le 9 novembre 1897); d'où :

III[1] Marguerite Hainguerlot; née, Villandry (I.-et-L.), en 1857; + à Madère, en 1870.

III[2] Stéphanie-Eléonore-Marie-Gertrude Hainguerlot; née, Villandry, le 29 novembre 1859; + château de Villandry, le 28 mai 1886; = Villandry, le 17 janvier 1883, Maurice-Auguste de Gay, baron de Nexon, alors capitaine au 13e de dragons (3); d'où :

IV[1] Edouard-Armand-Ferréol-Maurice de Gay de Nexon; né, Tours, le 16 janvier 1884.

IV[2] Alice-Marie-Lydia de Gay de Nexon; née, Tours, le 10 décembre 1885; = Nexon (4), le 11 novembre 1908, le baron du Bourdieu;

(1) Villandry : com. du cant. S. et de l'arr. de Tours (Indre-et-Loire).
(2) *Knight Commander of the Bath*; commandeur de l'ordre du Bain.
(3) Remarié, le 30 novembre 1889, à miss Gertrude Ricardo.
(4) Nexon : ch.-l. de c.; arr. de Saint-Yrieix (Haute-Vienne).

habite le château de Sérigny (1) (Loir-et-Cher); d'où :

V[1] Elise du Bourdieu; née au chât. du Tremblay (2) (I.-et-L.) le 18 octobre 1909.

V[2] Foulques du Bourdieu; né mai 1912.

III[3] Fanny-Nelly-Marie-Alice Hainguerlot; née, Villandry, le 11 mars 1863; † au Clos Saint-Victor, près Tours, le 5 août 1905; inhumée à Villandry; = Paris, le 28 août 1894, Jean-Charles-Elzéar-Marie comte de Sabran-Pontevès; né à Grignols (Gironde) (3) le 6 septembre 1851; † au château du Gerfaut, près Azay-le-Rideau (4) (Indre-et-Loire), mai 1912; chevalier de Malte, ancien chef d'escadron de cavalerie, chevalier de la Légion d'honneur, décoré de la médaille militaire pour sa belle conduite pendant la guerre 1870 71; fils de Joseph-Léonide comte de Sabran-Pontevès et de Gabrielle-Adélaïde Bonne de Pons; d'où :

IV. Phanette-Gertrude-Alice-Dauphine-Gersinde de Sabran-Pontevès; née, Paris, le 29 août 1895.

II[2] Charles-Arthur Hainguerlot; né, Paris, en 1833; † Villandry, le 6 août 1892; inhumé à Villandry; = Paris, église de l'Assomption, 1873, Lydia Hervey; née en Angleterre (5); † au chât. de Chaalis (Oise), 25 septembre 1901; fille de Mr Hervey et de Mme, née Kemp; sans post.

(1) Chât. de Sérigny : com. de Cour-Cheverny; cant. de Contres; arr. de Blois (Loir-et-Cher).

(2) Chât. de Tremblay : com. de Saint-Roch; cant. de Neuillé-Pont-Pierre; arr. de Tours (Indre-et-Loire).

(3) Grignols : ch.-l. de c.; arr. de Bazas (Gironde).

(4) Azay-le-Rideau : ch.-l. de c.; arr. de Chinon (Indre-et-Loire).

(5) S'est remariée à Paris, le 7 novembre 1894, à S.A.I. Joachim-Joseph-Napoléon, prince Murat, prince de Clèves et de Berg, général de brigade.

II³ Alfred Hainguerlot; né, Paris, le 30 mai 1839; † Paris, le 5 mai 1907; inhumé à Charentilly (1) (Indre-et-Loire); = à Chislehurst (Angleterre), le 8 décembre 1868, Madeleine-Laura Jerningham; née en Angleterre le 13 octobre 1839; † au château de Poillé (2) (I.-et-L.) le 5 décembre 1898; inhumée à Charentilly; d'où :

III¹ Joseph-Edouard-Georges Hainguerlot; né, Paris, le 1er mars 1870; = Paris, le 6 janvier 1894, Blanche d'Adhémar de Lantagnac; fille du comte Abdomar-Alexandre-Maurice-Eugène-Villiane d'Adhémar de Lantagnac, lieutenant de vaisseau, et de Fernande-Marie-Louise-Caroline-Madeleine Mariani; habite le chât. de Poillé (Indre-et-Loire); d'où :

IV¹ Madeleine Hainguerlot; née, Tours, le 4 janvier 1895.

IV² Edouard H.; né, Poillé, le 9 avril 1896.

IV³ Tom H.; né à la Membrolle (3) (Indre-et-Loire) le 3 décembre 1900.

IV⁴ Louis H.; né à la Membrolle, le 19 novembre 1902.

III² Jeanne Hainguerlot; née, Paris, le 9 février 1872; = Château de Poillé (Indre-et-Loire), le 8 décembre 1891, Edmond-Sosthènes-Maurice Bégé, comte romain, né au château de la Borde (4) (Loir-et-Cher); fils du comte Bégé et de la comtesse, née Adeline; habitent le château de la Borde (Loir-et-Cher); d'où :

(1) Charentilly : com.; cant. de Neuillé-Pont-Pierre; arr. de Tours (Indre-et-Loire).

(2) Chât. de Poillé : com. de Charentilly; voir (1).

(3) La Membrolle : com.; cant. N. et arr. de Tours.

(4) Château de la Borde; com. de Cour-Cheverny; cant. de Contres, arr. de Blois (Loir-et-Cher).

IV[1] Robert Bégé; né, Vaugelay-Cellettes (1) (Loir-et-Cher), 27 mars 1894.

IV[2] Guillaume B.; né, 17 octobre 1895.

IV[3] Hubert B.; né, 12 février 1897.

IV[4] Georges B.; né, 24 octobre 1902.

IV[5] Béatrice B.; née, 9 mars 1906.

III[3] Joséphine-Claire Hainguerlot; née, Paris, le 2 septembre 1873; = Poillé (Indre-et-Loire), le 8 février 1889, Jean de la Rue du Can de Champchevrier; né, Champchevrier (2), par Cléré (Indre-et-Loire), le 27 juin 1867; fils du baron Léon de Champchevrier décédé et de la baronne, née de Rochemore; habitent le château de Poillé (Indre-et-Loire); sans post.

III[4] Arthur-James Hainguerlot; né, Tours, le 29 novembre 1874; = Orchaise (3) (Loir-et-Cher), le 16 janvier 1902, Inès Lambert-Champy; née, Paris, le 28 juin 1883, fille de M. Lambert-Champy et de Mme née Benoît-Champy; habitent le château de Vernon (Loir-et-Cher) (4); d'où :

IV[1] Ida Hainguerlot; née château de Poillé (Indre-et-Loire), le 16 décembre 1902.

IV[2] Hedwige H.; née au Guérinet (5) (Loir-et-Cher), le 4 septembre 1906.

IV[3] Stéphane H.; né, Paris, le 12 mai 1909.

II[4] Marie Hainguerlot; née le 24 octobre 1829; †....

(1) Cellettes : com.; cant. O. et arr. de Blois (Loir-et-Cher).

(2) Château de Champchevrier; com. de Cléré; cant. de Langeais; arr. de Chinon (Indre-et-Loire).

(3) Orchaise : com.; canton d'Herbault; arr. de Blois (Loir-et-Cher).

(4) Château de Vernon; com. de Souesmes : cant. de Salbris; arr. de Romorantin (Loir-et-Cher).

(5) Château du Guérinet : com. d'Orchaise; cant. d'Herbault; arr. de Blois (Loir-et-Cher).

I⁸

LOUISE-MARIE-THÉRÈSE OUDINOT DE REGGIO;

née, Paris, 28 mars 1816; parrain, Louis XVIII; marraine, la duchesse d'Angoulême; † Montauban, le 15 mars 1909; = chât. de Jeand'heurs (1), le 4 octobre 1837, Ludovic-Alexis-Marie-Stanislas de Levezou, marquis de Vesins; né, Caylus(2) (Tarn-et-Gar.), le 31 août 1814; † le Mans (Sarthe), le 2 mars 1887, chevalier de l'ordre pontifical de Saint-Grégoire; fils du vicomte Jean-Aimé de Levezou de Vesins (3), (né dans la prison de Milhau (4) le 25 août 1793), et de Mˡˡᵉ Marie-Louise-Julie-Clarisse de Faramond de la Fajole († Caylus, le 26 août 1826).

Les deux époux vécurent longtemps à Bar-le-Duc chez la Maréchale, duchesse de Reggio; le marquis de Vesins fut même, dans cette ville, chef de bataillon de la garde nationale. Ils sont, tous deux, inhumés dans la chapelle de leur château de Caylus; la marquise a une plaque commémorative dans la concession de son père au cimetière de Bar.

Ils eurent cinq enfants :

II¹ Antoine-Dieudonné-Charles-Louis de Levezou de Vesins; né, Paris, à l'Hôtel des Invalides le 1ᵉʳ mai 1845; lieutenant au 93ᵉ de ligne, il fut mortellement blessé à Gravelotte, le 16 août 1870, ayant eu la poitrine traversée par une balle, puis la cuisse broyée par un éclat d'obus. Il resta 30 heures sans secours sur le champ de bataille; relevé par les Allemands, il fut

(1) Chât. de Jeand'heurs : com. de Lisle-en-Rigault; cant. d'Ancerville; arr. de Bar-le-Duc (Meuse).

(2) Caylus : ch.-l. de c.; arr. de Montauban (Tarn-et-Garonne).

(3) Devenu veuf, le vicomte de Levezou de Vesins entra dans les ordres; il fut fait prêtre en 1836 et devint évêque d'Agen le 26 janvier 1841. C'est lui, alors abbé de Vesins, qui célébra à Jeand'heurs le mariage de son fils avec Louise Oudinot.

(4) Milhau : ch.-l. d'arr. (Aveyron).

transporté à l'ambulance de Vionville[1] où il mourut le lendemain, 17 août. Son corps fut jeté dans la fosse commune. Dix mois après, ses restes ont été retrouvés; ils furent rapportés à Caylus où ils ont été déposés dans le caveau de sa famille, le 24 juin 1871 [2].

Il lui a été élevé à Gravelotte, au lieu où il était tombé, un monument sur lequel on lit cette inscription [3] :

A LA MÉMOIRE DE M. LE COMTE ANTOINE DE LEVEZOU DE VESINS,
LIEUTENANT AU 93e DE LIGNE, BLESSÉ MORTELLEMENT
A GRAVELOTTE, A L'AGE DE 25 ANS.
DITES A MA MÈRE QUE JE MEURS EN SOLDAT ET EN CHRÉTIEN.
MARCHEZ EN AVANT!

Une plaque mortuaire à sa mémoire, portant la même inscription, a été placée dans le cimetière du Maréchal Oudinot, son grand-père, à Bar-le-Duc.

Sa glorieuse mort est représentée sur le piédestal du monument qui a été élevé sur le champ de bataille de Mars-la-Tour, dédié à l'armée française [4].

II² Charles de Levezou, comte de Vesins;
né, Bar-le-Duc, le 2 février 1848; ancien officier aux zouaves pontificaux; † au château de Malicorne [5] (Sarthe), le 29 avril 1884; inhumé à Malicorne; = Paris, 1872, Marie-Esther-Jacqueline de Rougé; † 5 mai 1875, à l'âge de 24 ans; fille de Bonabes vicomte de Rougé et de Cécile de Lespinay (fille du général de Lespinay); d'où :

III Louis-Bonabes-Antoine-Joseph Levezou, marquis de Vezins; né, Malicorne, le 18 octobre 1872; = Paris, le 25 juillet 1901, Gabrielle-Marie Dors

(1) Vionville : com. de l'Alsace-Lorraine, à 4 k. 5 à l'est de Mars-la-Tour, sur la route de Metz.
(2) *Echo de l'Est* du 1er juillet 1871.
(3) *Echo de l'Est* du 30 octobre 1877.
(4) *Le patriotisme en action*, par E.-A. Tarnier, 2e vol., p. 652.
(5) Malicorne : ch.-l. de c.; arr. de la Flèche (Sarthe).

de Lastours; fille de Marie-François-Charles Dors de Lastours et de Suzanne-Marguerite-Camille Baylin de Monbel; habitent le chateau de Malicorne (Sarthe); d'où :

IV[1] Jean de Levezou de Vesins; né, château de Malicorne, le 20 juillet 1902.

IV[2] Jacqueline de L. de V.; née, Paris, le 5 juillet 1908.

IV[3] François de L. de V.; né, château de Malicorne, le 11 février 1912.

II[3] Caroline-Victoire-Marie-Thérèse de Levezou de Vesins; née, Bar-le-Duc, le 1er avril 1851; † Caylus, le 27 octobre 1888; inhumée dans le caveau de la famille à Caylus.

II[4] Henry-Dieudonné-Etienne-Victor-Auguste de Levezou comte de Vesins; né, Bar-le-Duc, le 21 juillet 1854; officier démissionnaire; = Paris, le 30 novembre 1882, Antoinette-Louise-Elodie de la Mazelière; fille de deffunt le marquis de la Mazelière et de Jeanne de Rougé (fille d'Adolphe comte de Rougé et de Marie de Vérac); sans enfant.

II[5] Jean-Emmanuel-Dieudonné de Levezou de Vesins; né, Bar-le-Duc, le 25 mars 1858; † Bar, le 6 avril 1858; inhumé dans le cimetière du Maréchal Oudinot.

TABLEAU GÉNÉALOGIQUE

DE

LA FAMILLE OUDINOT

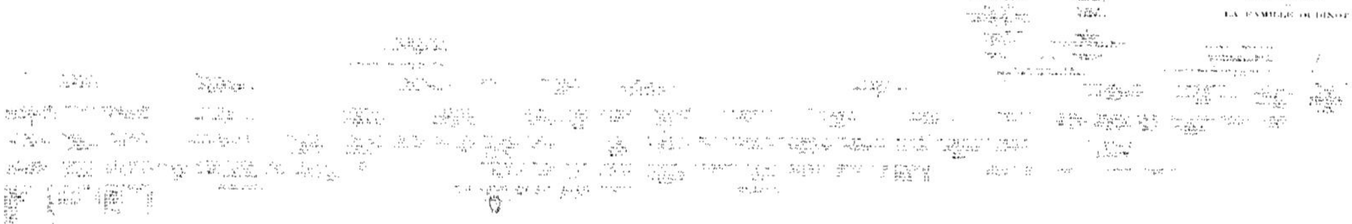

I[9]

Caroline-Marie-Philippine-Ferdinande-Louise OUDINOT de REGGIO;

née, Paris, le 2 juin 1817; parrain : Monsieur, frère du roi; marraine : la duchesse de Berry; ✝ Paris, le 8 mai 1896. = Paris, le 12 avril 1842, en la chapelle de la Chambre des Pairs (1), François-René-Joseph Cuiller-Perron, né à Chinsura (Hindoustan), le 25 juillet 1804; ✝ au château de Malicorne, le 19 août 1869; fils du général Perron.

Les deux époux ont été inhumés à Malicorne; ils ont chacun une plaque mortuaire au cimetière du Maréchal à Bar.

Sans postérité.

I[10]

Joseph-Gabriel-Charles OUDINOT de REGGIO;

né, Paris, le 10 mars 1819 (2) : lieut.-colonel au 57e d'inf.; ✝ au château de Coulognes, près Calais, le 10 décembre 1858; inhumé à Calais; il a une plaque mortuaire dans le cimetière du Maréchal à Bar-le-Duc; = le 4 septembre 1855, Eugénie-Hermine-Henriette Maressal de Marsilly; née le 9 octobre 1819, ✝ Calais, le 6 avril 1881 (3); d'où :

II Georges-Henry-Eugène-Victor Oudinot de Reggio; né, Bar-le-Duc, le 14 septembre 1856; ✝ Calais, le 25 mai 1857 et inhumé dans cette ville le surlendemain 27. Une plaque mortuaire a été placée à sa mémoire dans le cimetière du Maréchal à Bar.

(1) Le mariage fut béni par Mgr de Vesins, évêque d'Agen.
(2) Stiegler, *op. cit.*, appendice III, p. 559.
(3) D'après le faire-part du décès.

I[11]

VICTOR-ANGÉLIQUE-HENRI OUDINOT DE REGGIO;

né, Paris, le 3 février 1822; † Versailles, le 29 juillet 1891, général de brigade, commandeur de la Légion d'honneur et de l'ordre pontifical de Saint-Grégoire-le-Grand, etc.; inhumé le 4 août 1891, à Bar-le-Duc, dans le cimetière de son père; = le 4 avril 1864, Caroline-Françoise-Marguerite Mathieu de Faviers; † Versailles, le 6 août 1906, âgée de 70 ans; inhumée au cimetière d'Auteuil (1); fille du baron de Faviers.

Sans postérité.

(1) D'après le faire-part du décès.

CHAPITRE IV

Familles alliées : Derlin et Poriquet.

I.

Famille Derlin.

Les Derlin vinrent à Bar-le-Duc vers 1765.

François-Maurice Derlin, le chef de famille, était *originaire de Neufbrisach* (Alsace) (1). Sa femme, demoiselle Marie-Magdeleine Devoulge (2) était *originaire de Ville-Parisis, diocèse de Paris* (3). Maurice Derlin est qualifié de « négociant » en différents actes, mais sans aucune indication du genre de négoce (4).

(1) Renseignement tiré de l'acte du premier mariage du Maréchal; voir p. 52.

Neufbrisach : aujourd'hui ville de l'Alsace-Lorraine annexée; ancien ch.-l. de c. du départ. du Haut-Rhin.

(2) Orthographe de son acte de décès.

(3) Renseignement tiré de l'acte du premier mariage du maréchal; voir p. 53.

Ville-Parisis : Commune du canton de Claye; arrond. de Meaux, Seine-et-Marne.

(4) Le contrôle des actes des notaires (arch. Meuse; série C) porte inscription de nombreuses opérations, d'achat et de vente de terres, faites par François-Maurice Derlin en différentes localités de la région, quelquefois pour son compte, le plus souvent comme fondé de pouvoirs de propriétaires.

Un « bordereau des sommes imposées sur les corps de métier de la ville de Bar pour l'année 1790 » comprend « Maurice Derlin » dans la catégorie des marchands de vin. On y voit son nom rayé de la catégorie des marchands

Tous deux sont morts à Bar, où ils habitaient la Ville-Haute. Marie-Magdeleine Devoulge mourut la première, le 4 avril 1790, et son corps fut inhumé dans le cimetière paroissial, près Notre-Dame. François-Maurice Derlin décéda le 9 juillet 1815 (1); ses restes mortels furents déposés dans le cimetière du Maréchal.

Ils eurent deux filles :

L'aînée fut FRANÇOISE-CHARLOTTE, née, Bar, le 12 octobre 1768 (2), qui épousa à Bar, le 15 septembre 1789, NICOLAS-CHARLES OUDINOT, le futur Maréchal, duc de Reggio.

La seconde, Marie-Magdeleine-Scholastique, est née à Bar, le 28 octobre 1770. Elle épousa, en première noces, à Bar, le 10 août 1790, Jean-Baptiste-Félicien Étienne, négociant, de la paroisse de Naives-devant-Bar, et qui mourut, à Bar, 2 mois après le mariage, le 21 octobre 1790. Veuve, elle se remaria à Bar, le 23 août 1791, à Joseph Poriquet.

de grains dans laquelle il comptait probablement antérieurement (arch. Meuse, série B).

Le corps municipal de Bar, ayant été appelé, en 1789, à envisager des mesures pour lutter contre la famine menaçante et faire arriver des grains dans la ville, François-Maurice Derlin fut un des négociants qu'il consulta pour convenir d'un plan d'opérations et en suivre l'exécution (Arch. mun.; *Reg. des délib.*; BB, 46).

(1) François-Maurice Derlin s'est remarié à Bar, le 6 décembre 1771, à Mlle Marie-Françoise Gérard, fille majeure du Sr Jacques Gérard, lieutenant en la maitrise de cette ville et de deffunte Mlle Marguerite-Thérèse Brigeat de Lambert.

Il en eut un fils, nommé François-Maurice Derlin, né à Bar, le 12 nivôse an 2, qui mourut, à Bar, le 20 fructidor an 2.

Peu avant le décès de cet enfant, le 18 germinal an 2, le divorce avait été prononcé, à Bar, entre les deux époux à la demande du mari. Marie-Françoise Gérard est morte, à Bar, le 3 mars 1840, âgée de 83 ans.

Le 6 fructidor an XII (24 août 1804), François-Maurice Derlin eut « de Marie-Jeanne Petit, domiciliée chez lui », une fille qu'il reconnut le jour même de sa naissance et qui fut appelée Marie-Françoise Derlin. Celle-ci épousa, à Bar, le 9 décembre 1821, Valentin Adam (voir p. 44; 12o); elle est morte, à Bar, le 29 décembre 1839, sans post.

(2) Son acte de naissance est donné page 52.

II

Famille Poriquet.

Joseph Poriquet était né à Revigny, le 18 septembre 1761, fils de Remy Poriquet et de Marie-Françoise Colibert.

Il était premier commis du district de Bar, lorsqu'il épousa à Bar le 23 août 1791, « D[lle] Marie-Magdeleine-Scholastique Derlin, veuve du sieur Félix Estienne, cy-devant de la paroisse de Saint-Étienne de cette ville et depuis quelques mois domiciliée en celle de Saint-Antoine » (1).

Il devint inspecteur des postes, chevalier de la Légion d'honneur, membre du collège électoral du département et du conseil municipal de Bar. Il est mort, dans cette ville, le 11 janvier 1823; sa femme Marie-Madeleine-Scholastique Derlin y est décédée le 18 août 1834. Tous deux sont inhumés dans le cimetière du Maréchal.

Ils eurent quatre enfants dont le premier mourut en bas âge.

2° Marie-Charlotte Poriquet; née, Bar, le 3 brumaire an 2; † au Petit-Andely (Eure), le 6 octobre 1882; = Bar, le 4 février 1813, Nicolas-Gabriel Magot; né, Bar-le-Duc, le 28 septembre 1785; fils de Gabriel Magot, négociant, juge au tribunal de commerce et membre du collège électoral du département, et de dame Marguerite Pichancourt. Il fut autorisé (2) à porter le nom de Magot-Marevilles et devint receveur des finances aux Andelys; il y est mort. Les deux époux sont inhumés aux Andelys. D'où, postérité.

3° Victor-Émile Poriquet; né, Bar, le 22 vendémiaire an 4; † Valenciennes, où il était directeur des postes, le 9 décembre 1835; = Bar, le 4 mars 1828, Mlle Marie-Claire-Charlotte Duménil de Fiennes; née, Champigneulles (Meurthe), le 5 octobre 1809; † Versailles, le 27 septembre 1888; fille de Henry-Louis-Nicolas Duménil de Fiennes, propriétaire à Bar et de Marie-

(1) Acte de mariage.

(2) Jugement du tribunal de première instance des Andelys du 6 septembre 1841.

Claire-Élisabeth de la Lance († à Houdemont, Meurthe, le 6 mai 1813). Les corps des deux époux ont été inhumés à Bar dans le cimetière du Maréchal. D'où :

a) Henriette-Claire-Mathilde Poriquet; née, Bar, 10 janvier 1830; † Bar, 26 janvier 1830.

b) Marie-Claire-Hélène P.; née, Bar, 4 juillet 1832; † Versailles, le 13 novembre 1910. Son corps est inhumé à Bar, au cimetière du Maréchal, dans la tombe de sa mère. Sans alliance.

4° Julie Poriquet; née, Bar, 28 ventôse an 17; † Revigny le 18 septembre 1861; = Bar, le 28 octobre 1818, Nicolas-Sébastien Poriquet (son cousin issu de germain); né, Revigny, le 7 mai 1783, licencié en droit, notaire royal à Revigny; † audit lieu, le 22 décembre 1853; fils de Nicolas Poriquet, avocat et ancien notaire à Revigny et de défunte Marguerite-Barbe Mourot. D'où :

Nicolas-Émile Poriquet; né, Bar, 13 septembre 1819; † à la ferme du Faux Miroir, commune de Contrisson, le 19 avril 1898; = Bar, le 14 septembre 1852, Marie-Pauline Varin; née, Bar, 20 août 1832; † Bar, le 13 octobre 1893; fille de Pierre-Gabriel Varin banquier et de Anne-Amélie Delapierre. D'où post. (1).

(1) Deux enfants, savoir :

1° Charles-Nicolas Poriquet (1853-1908) qui épousa Jeanne-Marguerite Bompard (1855-1908). D'où deux enfants :

a) Marie-Nicolas-René Poriquet, célibataire.

b) Marie-Thérèse Poriquet; 1882-1907; mariée en 1906 à M. Dumaine. D'où : Simone-Marie-Nicole Dumaine; née 1907.

2° Marie Poriquet; née, Bar, 1856; qui épousa, en 1876, Marie-Jean-Henri Faucher, avocat, né à Saint-Mihiel en 1850. Ils habitent Bar-le-Duc. D'où trois enfants;

a) Marie-Emile-Louis Faucher; né, Bar, 1877; marié, à Saint-Dizier, en 1901, à Marguerite Boulland.

b) Marie-Louise F.; née, Bar, 1879; mariée, en 1900, à M. Gegout, magistrat; d. p.

c) Marie-Gabrielle F.; née, Bar, 1891; mariée à Bar, 8 janvier 1913, à M. André Husson, garde général des forêts.

ANNEXE

Ce travail ne devait comporter que deux parties comme il est indiqué par l'avertissement qui est à sa tête.

Au cours de son exécution, j'ai réuni, en dehors des deux sujets traités, divers renseignements iconographiques et autres sur le Maréchal Oudinot. Le désir de les faire entrer dans l'opuscule m'a conduit à lui donner une annexe.

I

Iconographie.

1.

BAR-LE-DUC possède, concernant le Maréchal Oudinot, les objets suivants :

A : *en son hôtel de ville* (1),

1° Un buste en marbre.

Oudinot l'a offert, le 20 nivôse an X, « à la commune de Bar » (2); il était alors général de division. Le marbre est signé : *L. Masson, f^{t}, an X.*

2° Un portrait, en tenue de Maréchal.

Le tableau a été peint, d'après un autre (dont il sera parlé

(1) Ce bâtiment n'est autre que l'ancien hôtel particulier du Maréchal que la ville de Bar a acheté, en 1868, après la mort de la duchesse de Reggio. Un beau parc y est attenant.

(2) Voir, p. 99, lettre d'envoi et réception du buste.

plus loin), qui se trouve au Musée de Versailles et qui a été fait, en 1811, par le peintre Robert Lefèvre.

A côté de ce portrait est placé celui de la Maréchale, Eugénie de Coucy.

Les deux tableaux ont été offerts, par leurs enfants, à la ville de Bar, le second le 5 août 1868 et le premier le 4 janvier 1869 (1).

3° Une tête de profil, en médaillon.

C'est un moulage de celle qui se trouve dans la chapelle des Invalides, à Paris, et qui a déjà été mentionnée dans la deuxième partie de ce travail, page 56.

Elle a été offerte le 17 avril 1848 (2) par le fils du Maréchal, le général Victor Oudinot.

B : *au Musée*,

1° Un portrait « en pied, de grandeur naturelle et en costume de Maréchal de France ».

Le Maréchal en a fait don, lui-même, en 1843, à sa ville natale, pour le Musée qu'elle venait de créer.

Le tableau le montre en 1809, après la bataille de Wagram, sur le terrain « où ce brave de notre grande armée se couvrit de gloire ». Il « est précieux de ressemblance et magnifique d'effet », écrivait deux jours après sa réception le conservateur du musée.

Il a été « fait par M. Schiltz, peintre distingué de la manufacture royale de Sèvres ». C'est une copie d'un premier portrait du Maréchal, « qui fut peint, en 1811, par Robert Lefèvre, peintre de l'Empereur, et par ses ordres pour orner la salle des Maréchaux au Palais des Tuileries. Ce tableau a été transféré depuis au musée de Versailles où il est aujourd'hui » (3).

2° Un tableau portant, dans un cartouche, cette inscription :

OUDINOT A PLETCHENITZY
2 DÉCEMBRE 1812.

(1) Voir, p. 100, lettre d'envoi et réception des tableaux.

(2) Voir, p. 102, lettre d'envoi.

(3) *L'Echo de l'Est* du 3 juin 1843; article sur le musée de Bar, par T. Oudet, architecte, son conservateur.

Le Maréchal, grièvement blessé sur la Bérézina et regagnant rapidement l'Allemagne, a été obligé de s'arrêter dans le village russe de Pletchenitzy (1). Il est entré dans une cabane et là, couché sur un grabat, il s'est confié aux soins de son chirurgien, le docteur Capiomont, pour le pansement de sa blessure.

L'artiste a choisi, pour la composition de son tableau, le moment où le fils du Maréchal, Victor Oudinot, se présente brusquement dans la cabane et lui annonce que la localité est cernée par des Cosaques.

Le Maréchal voit ces ennemis par la porte restée ouverte, sur le seuil de laquelle est son fils. Il s'est à demi levé sur son grabat : il a saisi son pistolet et par les traits de sa figure, par la vivacité de ses yeux qui suivent les mouvements des Cosaques, il laisse voir qu'il défendra énergiquement sa vie.

Le docteur Capiomont et Pils, le valet de chambre du Maréchal, sont de chaque côté du grabat, soutenant le glorieux blessé.

Le tableau est signé : *E. (Edmond) de Boislecomte, 1896.* Il a été acheté par le musée en 1897.

3° Une statue en pied.

Elle est en plâtre. C'est le modèle original d'une statue en marbre, faite par le statuaire Jean de Bay, et qui se trouve dans la galerie du palais de Versailles (2).

Sur le socle de la statue, on a fixé une couronne mémorative en argent massif; chacune de ses feuilles porte le nom d'une bataille dont le Maréchal a assuré le succès. Elle a été donnée au musée, en 1850, par Pils, ancien valet de chambre du Maréchal (3).

4° Un buste en plâtre, comme général de division en l'an X.

C'est un moulage du buste en marbre qui se trouve à l'hôtel de ville. Il a été offert au Musée, en 1849, par la duchesse de Reggio.

5° Deux statuettes en plâtre, réduction de la statue en bronze du Maréchal, élevée au centre de la ville de Bar.

(1) G. Stiegler, *op. cit.*; chap. V, p. 220 et 223.

(2) Voir, p. 102, lettre d'envoi.

(3) *Id.*, p. 101.

L'une d'elles repose sur un piédestal en plâtre, réduction de celui de la statue en bronze, avec ses quatre génies et ses quatre bas-reliefs.

Ces objets ont été offerts à la ville de Bar, en 1851 et 1852, par le statuaire Jean de Bay (1).

Nota (2) : Le musée possède aussi « quatre sabres de divers modèles que le maréchal Oudinot a portés durant ses campagnes ». Ils lui ont été donnés par son fils, le général Henri Oudinot.

C : *au centre de la ville, place Reggio.*

Une statue en bronze, sur un piédestal en marbre (3).

Le monument est l'œuvre du statuaire Jean de Bay : il a été

(1) Arch. mun. ; dossier de l'érection de la statue ; lettre de M. Jean de Bay.

(2) On voit encore au Musée de Bar-le-Duc :

1° Un buste en plâtre du général Nicolas-Charles-Victor Oudinot, qui en a fait don en 1851.

2° Quatre médailles (l'une en or, deux en argent, une en bronze) offertes par la ville de Rome, en 1849, au général Victor Oudinot. Elles ont été frappées en son honneur et elles présentent :

à l'avers :	*au revers :*
Sa figure de profil, avec ces mots en exergue :	une couronne de lauriers entourant cette inscription :
VICT. OUDINIOTUS GALLORUM EXERCITUI PROEFECTUS.	URBEM EXPUGNARE COACTUS CIVIUM ET ARTIUM IN COLUMITATI CONSULUIT.
et au bas : BORREL F^t ROMÆ	

3° Le portrait en pied du général Victor Oudinot.

Il a été donné par son fils en 1866.

4° Un buste en plâtre du lieutenant Antoine de Vesins, petit-fils du Maréchal, blessé mortellement à Gravelotte en 1870.

C'est un don et l'œuvre de son père, le comte Ludovic de Vesins, en 1873.

5° Une petite statue en plâtre du même Antoine de Vesins par Bogino. Il est représenté en lieutenant du 93e de ligne, debout, tête nue, en avant d'une pile de gabions. Il tient son sabre de la main droite et la gauche s'appuie sur les gabions.

(3) Voir, au sujet de l'érection et de l'inauguration de cette statue, deuxième partie, chap. II, p. 57, ainsi que plus loin, paragraphe II de l'annexe ; 6, p. 103.

Cl. Rellel.

OUDINOT BLESSÉ A PLETCHENITZY,
décembre 1812.
Tableau de E. de Boislecomte, 1896 (Musée de Bar).

érigé en 1850. Il mérite une description spéciale et détaillée qui suit :

La Statue du Maréchal Oudinot à Bar-le-Duc.

Le monument comprend, dans son ensemble : « une statue héroïque en bronze ; un piédestal en marbre blanc veiné, orné de quatre génies emblématiques et de quatre bas-reliefs en bronze représentant les phases de la brillante carrière du Maréchal ». Il repose sur trois degrés en pierre du pays, le dernier supportant une grille ornée, en fonte de fer (1).

La statue, qui pèse environ 1.800 kilos, a une hauteur de 3 mètres. Celle du piédestal, avec le soubassement, est de 3^m,50.

Le Maréchal est représenté, en pied, tête nue, en grande tenue, un manteau bien drapé reposant sur l'épaule gauche, la jambe droite un peu avancée. Sa main gauche embrasse la poignée de son épée. La droite tient son bâton de commandement ; elle l'appuie sur la culasse d'un canon (représentant celui dont le Maréchal s'empara, en 1800, sur le Mincio et dont l'Empereur lui fit don) (2), qu'une branche de laurier couvre de ses feuilles et sur laquelle sont déployées plusieurs cartes, où se lisent gravés ces mots : ITALIE ; RUSSIE.

« Le Maréchal paraît dans l'attitude de la méditation avant le commandement. La figure a de l'expression et rend assez fidèlement ses traits » (3).

Le piédestal a ses angles coupés par des pilastres, contre lesquels sont adossés les quatre génies, formant caryatides, et ayant les ailes légèrement déployées.

Sur les faces sont disposées, en demi-cercle, des guirlandes de chênes enrubannées et coulées en bronze. Celles-ci sont reliées les unes aux autres par des câbles que les génies portent

(1) Arch. mun. ; Conditions stipulées dans le traité passé le 20 février 1849 entre la ville et le statuaire.

(2) Ce canon orna longtemps la propriété du Maréchal à Jeand'heurs, à 14 kil. S.-O. de Bar.

(3) *L'Echo de l'Est* du 21 septembre 1850 ; extrait d'un article sur le monument par F. d'Olincourt.

sur les points d'attache de leurs ailes. Sur les rubans on lit des noms de batailles, de villes où le Maréchal s'est illustré. Dans les courbes des guirlandes, sont gravées, sur le marbre, des inscriptions ayant trait à des incidents de sa vie militaire. Au-dessous d'elles, sont placés les bas-reliefs en bronze qui en retracent des épisodes.

Les génies en bronze ont la tête casquée ou ceinte d'une couronne murale. Ils tiennent chacun une épée ou sabre, rappelant les armes que le Maréchal a portées ou qui lui ont été décernées à titre d'honneur.

Le génie, que l'on voit à la droite de la face antérieure du piédestal, a reçu les traits d'un petit-fils du Maréchal, ceux d'Antoine de Vesins qui mourut, en 1870, à l'hôpital de Vionville (1). Il tient, avec l'épée, le bâton de commandement du Maréchal.

Le génie, qui est sur la gauche de cette même face, porte le grand cordon de la Légion d'honneur et un sabre d'honneur.

Sur la face postérieure, le génie, qui est à droite, a la tête ceinte d'une couronne civique sous la couronne murale. Son épée est celle du grand chancelier de la Légion d'honneur.

Le génie de gauche tient, dans la main droite, une sorte de parchemin, partiellement roulé; un sceau y est appendu, sur lequel on lit encore aujourd'hui ces deux mots nettement conservés : URBIS NEOCOMENSIS.

Le sculpteur a voulu rappeler un décret rendu, en 1806, en l'honneur d'Oudinot, encore général, par les autorités de la principauté de Neuchâtel en Suisse. Oudinot avait été chargé d'occuper le pays au nom du général Alexandre Berthier, auquel l'Empereur Napoléon l'avait donné. Il apporta dans son administration tant de modération et de tact que, lorsqu'il dut quitter la principauté, les habitants décidèrent de lui décerner un témoignage de leur reconnaissance.

A cet effet, « les quatre ministraux, agissant au nom du

(1) E. A. Tournier, *op. cit.*, vol. II, p. 652.

Cl. Collot.

STATUE DU MARÉCHAL OUDINOT

sur la place Reggio, à Bar-le-Duc.

conseil général, ville et bourgeoisie de Neuchâtel », signèrent un décret, déclarant « le général Oudinot et ses perpétuels descendants, nés et à naître, internes et communiers de la ville de Neuchâtel » et leur reconnaissant les droits de bénéficier de tous les biens, avantages, etc., qui pouvaient découler du titre honorifique de bourgeois de Neuchâtel ainsi concédé. Ils remirent au général Oudinot, avec le décret, une épée sur la lame de laquelle étaient gravés ces mots; « *La ville de Neuchâtel au général Oudinot, 1806* ». Cette épée est représentée par celle que tient le génie porteur du parchemin.

Voici maintenant les inscriptions, gravées sur les faces du piédestal, ainsi que les épisodes rappelés par les bas-reliefs (1).

1° Face antérieure.

Inscription :

AU MARÉCHAL OUDINOT
DUC DE REGGIO,
NÉ A BAR-LE-DUC LE 25 AVRIL 1767,
VOLONTAIRE EN 1792,
DÉCÉDÉ GOUVERNEUR DES INVALIDES,
LE 13 SEPTEMBRE 1847.

SOUSCRIPTION NATIONALE.

Bas-relief : Départ du 3e bataillon des volontaires de la Meuse.

Le bataillon quitte Bar pour se rendre à la frontière. Le lieutenant-colonel Oudinot est à sa tête. Ils traversent la place où s'élève aujourd'hui la statue du Maréchal ; ils sont accompagnés par les vœux, les sympathies et les acclamations des habitants.

(1) *L'Écho de l'Est* du 29 mai 1851. Notice sur les bas-reliefs de la statue du Maréchal Oudinot.

Pour conserver toute son unité à cette description du monument, l'inscription de la face antérieure et l'épisode de son bas-relief sont reproduits ici, bien qu'ils aient déjà fait l'objet d'une communication, p. 58.

2° Face de gauche.

Inscription :

QUAND IL EST QUELQUE PART
IL N'Y A PLUS A CRAINDRE
QUE POUR LUI.
NAPOLÉON, 17 JUIN 1807.

Bas-relief : la prise du pont de Vienne en 1805.

Oudinot, en tête de ses grenadiers, s'élance au galop de son cheval sur le pont du Danube qui a été miné et que défendent de nombreuses bouches à feu ennemies en batterie sur l'autre rive. Il arrache, lui-même, des mains d'un artificier autrichien, la mèche enflammée, qui doit porter le feu aux barils de poudre placés sous le tablier du pont.

3° Face de droite.

Inscription :

WAGRAM A ÉTÉ ENLEVÉ LE 6 JUILLET
ENTRE 10 ET 11 HEURES DU MATIN.
LA GLOIRE EN APPARTIENT
TOUT ENTIÈRE
AU MARÉCHAL OUDINOT
ET A SON CORPS D'ARMÉE
(30e BULLETIN 1809).

Bas-relief : la bataille de Wagram, 1809.

Oudinot lance, sur le village de Wagram, le corps d'armée qu'il commande. Il est grièvement blessé, et il se refuse à quitter le champ de bataille pour faire panser sa blessure, bien que le général de Monthion le lui dise de la part de l'Empereur.

C'est à la suite de la victoire de Wagram (à laquelle il contribua beaucoup comme le rappelle l'inscription ci-dessus), qu'il fut fait Maréchal de l'Empire.

4° Face postérieure.

Inscription :

APRÈS AVOIR ASSURÉ
LE PASSAGE DE LA BÉRÉZINA
OUDINOT BLESSÉ GRIÈVEMENT
FUT DÉCLARÉ UNANIMEMENT
LE SAUVEUR DE L'ARMÉE
20 NOVEMBRE 1812.

Bas-relief : le passage de la Bérézina, 1812.

Le Maréchal Oudinot arrête les Russes, couvrant la retraite de nos troupes qui repassent la Bérézina. Il reçoit, dans le côté droit, une balle dont la blessure le fait chanceler sur son cheval.

Le général de Lorencez, son chef d'état-major et son gendre, arrête la monture. Le capitaine Victor Oudinot, son fils, qui est accouru au galop, reçoit le Maréchal dans ses bras.

2.

A NANCY, *dans l'ancien palais ducal, le musée historique lorrain* expose deux décorations ayant appartenu au Maréchal Oudinot. Ce sont :

La plaque de grand aigle de la Légion d'honneur, qu'il a portée de 1804 à 1814 ;

la plaque de Saint-Henri de Saxe, qu'il a portée de 1808 à 1848.

Elles ont été données au musée par le général Victor Oudinot, son fils aîné, entre 1858 et 1863.

3.

A PARIS, on voit :

A : *Aux Invalides*,

dont le Maréchal Oudinot fut gouverneur du 21 octobre 1842 jusqu'au jour de sa mort, le 13 septembre 1847,

1° *Dans la chapelle*,

un médaillon donnant de profil les traits du Maréchal.

Il surmonte un marbre de la forme d'une pierre tumulaire, appliqué contre un pilier voisin de la chaire. Il en a été fait mention, p. 56.

2° *Au Musée de l'armée, salle Louis XIV*,

le portrait à mi-corps du Maréchal par J. Pils.

Le tableau a été peint en 1848 et provient de l'Hôtel des Invalides.

Le Maréchal est représenté debout, la figure presque de face, l'épaule gauche légèrement en avant. Il est en grande tenue, tête nue, son chapeau à plumes blanches sous le bras droit, les doigts de la main gauche soutenant son épée par la garde.

Nota : (1) Au musée de l'armée, salle Turenne, se trouve une selle d'officier général ayant appartenu au Maréchal Oudinot.

Elle a été donnée, en mai 1898, par M. Zvilling, chef de bataillon en retraite.

B : *Au palais de la grande Chancellerie de la Légion d'honneur,*

un portrait, en buste, du Maréchal.

Il se trouve dans le salon, dit des grands chanceliers ; il est placé dans un cadre d'or ovale, à droite de la baie qui conduit à un salon contigu, au grand salon de la rotonde. C'est une simple copie, faite en 1873, lors de la reconstruction du palais de la Légion d'honneur qui avait été incendié en 1871.

Le Maréchal Oudinot fut grand chancelier de la Légion d'honneur du 17 mai 1839 au 21 octobre 1842.

4.

A SAINT-DENIS, *la maison d'éducation de la Légion d'honneur* possède un portrait du Maréchal.

Il se trouve dans le grand salon de réception, au rez-de-chaussée, avec les portraits des autres grands chanceliers de la Légion d'honneur. Il a été peint en 1841 par Paulin Guérin (2).

Ce portrait montre le Maréchal Oudinot dans sa vieillesse, à l'âge de soixante-quatorze ans, alors que ses autres portraits

(1) *Le Musée de l'armée* possède encore, concernant le général Nicolas-Charles-Victor Oudinot, le fils aîné du Maréchal ;

1° *Salle Mac-Mahon ;* son portrait miniature en colonel commandant le 4e Hussards, E. a. 221 (Don de M. Cottreau ; mai 1904).

2° *Même salle ;* son portrait par Louis Guédy. E. a. 2221 (Don de la marquise de Quinsonas, douairière, petite-fille du général ; mai 1912).

3° *Salle Marulaz ;* un képi rigide, à 7 galons, qu'il a porté pendant les guerres d'Algérie en 1835 (Don de M. Couderc ; décembre 1910).

(2) Une reproduction de ce portrait est donnée dans le livre de M. Bonneville de Marsangy sur la Légion d'honneur, p. 319.

qui sont à Bar-le-Duc, à Versailles, à Neuchâtel en Suisse peints par Robert Lefèvre en 1811 ou d'après le sien, le représentent dans l'âge mûr.

5.

A VERSAILLES, on voit, *au Musée :*

1° *Dans la salle de 1792*,

un portrait en buste d'Oudinot, en tenue de lieutenant-colonel au 3e bataillon de la Meuse, par Monvoison (n° 393 du catalogue);

2° Le portrait en pied du Maréchal (dont il a déjà été parlé précédemment), peint en 1811 par Robert Lefèvre, sur l'ordre de l'Empereur, pour la salle des Maréchaux au palais des Tuileries et transféré ensuite à Versailles (n° 1157 du catalogue);

L'artiste a choisi, pour décor de son tableau, le champ de bataille de Wagram où le Maréchal a conquis son bâton de commandement.

Le Maréchal est au premier plan, debout, un peu en avant d'un bloc de granit au pied duquel on voit, gisants à terre, un canon et des boulets. Il est tête nue, en grande tenue avec le grand cordon de la Légion d'honneur. Ses traits sont expressifs et reflètent la maturité de l'âge; il compte alors 44 ans. Sa main gauche est appuyée à la hanche, soutenant son épée au-dessous et près de la garde. Le bras droit pend le long du corps, la main serrant le bâton du commandement.

Dans le fond, sur sa gauche, les hauteurs fortifiées de Wagram.

Sur sa droite, un peu en arrière du bloc granitique, son cheval de bataille, tenu en main par un soldat. On n'en voit que la tête avec l'encolure.

A droite également, et déposé sur le roc, son chapeau à plumes blanches.

3° *Dans la galerie*,

sa statue en marbre (n° 500 du catalogue).

Elle a été reçue en 1853 et elle est l'œuvre du même statuaire Jean de Bay qui fit celle en bronze de Bar-le-Duc.

La mission d'exécuter cette statue en marbre lui avait été confiée, en 1848, par le directeur des musées royaux et par le général Victor Oudinot.

Le Maréchal est représenté dans une attitude semblable à celle que lui donne sa statue de Bar-le-Duc.

Il est debout, tête nue, en grande tenue, un long manteau reposant sur l'épaule gauche, la jambe gauche un peu en avant. Le bras gauche est légèrement ployé, la main embrassant la poignée de son épée. Le bras droit pend le long du corps, la main serrant son bâton de commandement.

Un peu en arrière et sur la droite un canon est dressé verticalement, le bouton de culasse en l'air. Une branche de laurier et un sabre d'honneur sont debout contre ce canon, maintenus par un large ruban qui les enlace plusieurs fois tous les trois et sur lequel on lit ces noms : MINCIO. — WAGRAM. — FRIEDLAND. — BÉRÉSINA. — ARCIS-SUR-AUBE.

6.

A NEUCHATEL EN SUISSE, *le Musée historique* possède un portrait-buste du Maréchal.

Le portrait a été peint, en 1811, par le même Robert-Lefèvre, qui a fait celui qui se trouve aujourd'hui au musée de Versailles.

Le Maréchal Oudinot en fit don au comte Louis de Pourtalès, qui fut président du Conseil d'État de la principauté de Neuchâtel et dans la maison duquel il avait logé durant le temps qu'il avait administré cette principauté. Il avait conservé avec lui les plus amicales relations.

Le portrait a été donné au musée de Neuchâtel en 1888 par le comte Alfred de Pourtalès, petit-fils du précédent (1).

(1) Ces renseignements émanent de M. Paul de Pury, conservateur du musée historique de Neuchâtel.

II

Documents et renseignements divers (1).

1.

Lettre d'envoi et réception d'un buste que le général de division Oudinot a offert, en l'an X, à la commune de Bar.

LIBERTÉ, ÉGALITÉ,

Au quartier général à Polangis, le 20 nivôse an 10, de la République française, une et indivisible.

Oudinot, général de division, inspecteur général de cavalerie, au citoyen Henrionnet, maire de la commune de Bar.

En vous témoignant, citoyen maire, toute la sensibilité que j'ai ressentie et que je conserve sur la demande de mon portrait, qui m'a été faite lors de mon dernier séjour à Bar, je me plais à assurer mes compatriotes de ma reconnaissance la plus sincère. Je les prie d'en recevoir un faible gage dans l'offre du buste que j'ai l'honneur de leur adresser en remplacement.

Soyez mon organe, mon cher Henrionnet, pour leur exprimer mes sentiments; dites-leur combien je me félicite d'être né au milieu d'eux et que je mettrai toujours une véritable gloire à mériter la continuation de leur bienveillant intérêt.

Je vous salue et embrasse cordialement.

Signé : OUDINOT.

Dans une séance du premier ventôse an 10, le conseil municipal arrêta que le buste du général Oudinot serait placé dans la salle de ses séances, et qu'il en serait fait, en présence de toutes les autorités publiques, une inauguration solennelle, au cours de laquelle le citoyen Henrionnet, maire, prononcerait un discours.

L'inauguration fut, plus tard, fixée au neuf vendémiaire an 11, jour où devait se faire la désignation des conscrits de

(1) Ils sont extraits soit des archives municipales de Bar, registre des délibérations du Conseil municipal ou dossier de l'érection de la statue du Maréchal sur la place Reggio, soit des archives du Musée de cette ville.

l'an 9 et de l'an 10, nécessaires pour compléter l'armée et pour lui former une réserve.

La cérémonie eut lieu, à 9 heures du matin, à l'hôtel de ville, dans la salle des réunions du conseil municipal, sous la présidence du maire, le citoyen Robert-Adam (1).

Les membres de cette assemblée y étaient réunis et le citoyen Oudinot, l'un d'eux et père du général, s'y trouvait « dans une place distinguée ». Là aussi étaient les conscrits de l'an 9 et de l'an 10, ainsi qu'une foule de citoyens, attirés par la cérémonie.

Les officiers de la garde nationale apportèrent en triomphe, dans la salle, au son des tambours et d'une musique guerrière, drapeaux déployés, le buste du général Oudinot, que les adjoints du maire accompagnaient. Ils le placèrent sur le piédestal qui lui était préparé.

Le citoyen Henrionnet, chargé de faire le discours d'inauguration, retraça en termes des plus élevés la brillante carrière militaire déjà parcourue par le général Oudinot; il le proposa pour modèle aux conscrits qui l'écoutaient et il termina par quelques mots élogieux à l'adresse de son père.

Après le discours, le maire, tenant en main une couronne de laurier, la posa sur le buste.

Le conseil municipal et les assistants applaudirent vivement; les drapeaux saluèrent; la musique se fit entendre pour clôturer la cérémonie, exécutant « les airs connus de la Victoire et destinés à célébrer les triomphes de la Gloire ».

2.

Lettre d'envoi et réception des portraits du Maréchal et de la Maréchale Oudinot, qui sont à l'Hôtel de Ville.

Lorsque, dans sa séance du 9 mai 1868, les membres du conseil municipal eurent décidé l'achat de l'hôtel du Maréchal Oudinot, rue Lapique, pour en faire l'hôtel de ville de Bar-le-Duc, ils donnèrent au maire cette mission :

(1) Il avait succédé à M. Henrionnet, démissionnaire en l'an 10.

« Solliciter de la famille du Maréchal le don d'un objet, se rattachant à la personne de leur glorieux compatriote, et qui, placé dans la salle d'honneur du conseil municipal, serve à perpétuer dans son ancien hôtel, comme dans leurs cœurs, le souvenir d'un nom cher et illustre ».

Le 5 août suivant, le comte de Vesins, au nom des enfants de la Maréchale, duchesse de Reggio, adressait au maire de Bar, la lettre suivante :

Bar-le-Duc, 5 août 1868.

M. le maire, conformément au vœu exprimé par le conseil municipal, et, en quittant la maison de famille qui va devenir hôtel de ville, les enfants de la Maréchale Oudinot, duchesse de Reggio, ont voulu y laisser et offrir à la ville de Bar-le-Duc, le portrait de celle qui porta si dignement le nom illustre du fondateur de cette maison et qui sut s'y entourer du respect et de l'affection, dus à ses vertus, à sa rare distinction.

Chargé par eux de vous remettre cette image qui retrace fidèlement des traits dont le souvenir est précieux aux habitants de Bar, je suis convaincu qu'elle sera accueillie avec satisfaction, et j'espère qu'elle sera, en quelque sorte, un lien de plus entre ce pays si aimé de la femme d'élite dont la mort a été et est encore un deuil public, et la famille qui, n'ayant rien oublié des traditions du passé, se fait gloire d'appartenir à la ville de Bar-le-Duc.

Agréez, je vous prie, Monsieur le maire, l'expression de mes souhaits les plus distingués et soyez assez bon, je vous prie, pour faire part de ma lettre au conseil municipal qui appréciera, avec les sentiments si délicats qu'il a montrés dans une récente circonstance, le don que je suis chargé de vous adresser.

Signé : Comte de Vesins.

Le maire donna, le même jour, 5 août 1868, lecture de cette lettre au conseil municipal. Celui-ci accepta avec reconnaissance le don qui lui était fait, et il pria son maire d'être, auprès des donateurs, l'interprète de ses sentiments de profonde gratitude.

Le 8 janvier 1869, le maire donnait lecture, au conseil municipal, d'une lettre en date du 4 du même mois (1), par

(1) La lettre n'a pas été retrouvée aux archives municipales.

laquelle le comte Henri Oudinot, colonel au 1er régiment de lanciers, offrait à la ville de Bar, au nom de toute sa famille, un portrait du Maréchal Oudinot.

L'accueil, qui lui fut fait, est ainsi consigné sur le registre des délibérations :

Le conseil municipal, organe de la ville de Bar, prie M. le maire de vouloir bien exprimer à la famille de M. le Maréchal, duc de Reggio, ses vifs sentiments de gratitude.

La ville de Bar placera, avec bonheur, la fidèle image du plus illustre de ses enfants dans l'hôtel qui, après avoir été élevé et honoré par lui, est devenu le siège de la municipalité.

3.

Lettre du général Victor Oudinot, envoyant à la municipalité de Bar-le-Duc, un médaillon du Maréchal, son père.

Paris, 17 avril 1848.

Monsieur le maire,

Le mausolée qui vient d'être placé à l'église des Invalides, représente avec bonheur les traits de mon père. En en faisant mouler quelques médaillons, j'ai surtout eu en vue d'offrir le premier à la municipalité de la ville de Bar. Ce médaillon est parti, il y a quelques jours, pour cette destination : j'espère que vous voudrez bien l'offrir en mon nom à MM. les membres du conseil municipal.

Mes compatriotes verront, j'espère, dans ce faible, mais sincère hommage, un témoignage empressé de ma reconnaissance pour les sympathies que la ville de Bar n'a cessé de donner à une mémoire qui m'est chère à tant de titres.

Recevez, je vous prie, Monsieur le maire, la nouvelle expression de mes plus dévoués sentiments.

Signé : le général OUDINOT.

Monsieur Gillon, maire de Bar.

4.

Lettre de Pils, ancien valet de chambre du maréchal Oudinot, au maire de la ville de Bar-le-Duc.

Bar, le 25 septembre 1850.

. . . .

Je vous prie de vouloir bien faire agréer, au musée de Bar, une couronne en argent, dont le principal mérite est de porter pour inscription, sur chacune de ses feuilles, le nom des batailles ou combats dont le Maréchal, duc de Reggio, a glorieusement et sous mes yeux, assuré le succès.

. . . .

Signé : Pils.

5.

Lettre du statuaire Jean de Bay, donnant à la ville de Bar, le modèle en plâtre qui lui a servi pour faire la statue en marbre du maréchal Oudinot, destinée au musée de Versailles.

Monsieur le maire,

Tant que l'exécution en marbre de la statue du maréchal Oudinot, duc de Reggio, destinée au musée de Versailles, n'a pas été achevée, j'ai dû ajourner l'accomplissement de la promesse que je vous ai faite d'offrir au musée de Bar le modèle en plâtre de cette statue.

Aujourd'hui que ce marbre est achevé et va figurer à la prochaine exposition, je viens vous prier d'agréer le don de ce modèle.

Je regrette qu'il soit si peu fait, achevé; ce n'est à proprement parler qu'une grande esquisse que je vous prie cependant d'accepter comme un témoignage nouveau de ma reconnaissance envers les Barrisiens.

Veuillez donc, Monsieur le maire, donner les ordres nécessaires pour faire faire la caisse, l'emballage et le transport de cette statue.

Agréez, Monsieur le maire, l'assurance de ma considération très distinguée.

Signé : de Bay.

Paris, le 4 avril 1853.

6.

Érection et inauguration de la statue du Maréchal Oudinot à Bar-le-Duc (1).

C'est le 5 octobre 1847, à peine un mois après le décès du Maréchal Oudinot, que le conseil municipal de Bar-le-Duc

(1) Détails extraits de :
L'Écho de l'Est du 1er octobre 1850;
L'Annuaire de la Meuse, 1869, p. 66; note rédigée par E. Florentin.

décida qu'il lui serait élevé, en témoignage de reconnaissance, une statue sur une des places de la ville.

Une ordonnance royale du 17 novembre 1847 approuva la décision.

Une souscription nationale fut ouverte pour obtenir les fonds nécessaires à l'érection de la statue (1).

Après examen des maquettes soumises par plusieurs artistes, le conseil municipal adopta celle du statuaire Jean de Bay qui était déjà chargé de faire une statue en marbre du Maréchal Oudinot pour la galerie du musée de Versailles. Il lui confia la mission de l'exécution du monument; M. Le Quesnel fut le fondeur de la statue.

L'inauguration du monument avait été primitivement fixée au 25 septembre 1850, jour anniversaire de la bataille de Zurich, au succès de laquelle le Maréchal avait puissamment contribué. Elle fut reportée au dimanche suivant, 29 septembre, pour répondre aux désirs des populations de la région et leur permettre d'y assister plus facilement.

(1) On compte parmi les souscripteurs :

La ville de Bar; le maire de la ville, M. Trichon-Saint-Paul et de nombreux barrisiens; MM. Jean Landry-Gillon, député; Paulin Gillon, représentant du peuple en 1848; Félix Gillon, président du tribunal; le comte d'Arros, préfet de la Meuse; Mgr l'Évêque de Verdun; le département de la Meuse, différentes localités meusiennes et des particuliers; le département de la Meurthe; le Gouvernement par les ministres de la Guerre et de l'Intérieur; le prince Jérôme; la maréchale-duchesse de Raguse; les maréchaux Soult, Gérard et Molitor; les généraux comte Exelmans, de Monthion, comte de Dampierre, baron Hanrion, baron Boyer, Lanthonnet, de Lauriston, Paillot, Barrois, baron Broussier, etc.; le duc Pasquier, ancien président de la Chambre des pairs, le duc de Mortemart, le duc Decazes, etc.; le baron de Cholet, ancien député de la Meuse; la famille Gouy; M. de Scitivaux de Greische, ancien aide de camp du duc de Reggio; Pils, ancien valet de chambre du Maréchal Oudinot; l'école de cavalerie de Saumur, dont le général Victor Oudinot, fils aîné du Maréchal, avait été le commandant, et la ville de Saumur; l'établissement des Invalides; M. Van Karnebeck, capitaine de vaisseau, aide de camp du roi de Hollande (que le maréchal Oudinot, alors qu'il était gouverneur de la Hollande, avait fait élever, à ses frais, au lycée de Metz); MM. les quatre ministraux, petit et grand conseil de la ville et bourgeoisie de Neuchâtel en Suisse; M. le comte Louis de Pourtalès, ancien président du Conseil d'État à Neuchâtel (Suisse), etc.

Pour la cérémonie, deux estrades furent élevées de chaque côté de la statue.

L'une était pour la famille Oudinot. On y vit 38 de ses membres accompagnant la veuve du Maréchal et son fils aîné, le général Victor Oudinot; quatre générations y étaient présentes. L'auteur de la statue, Jean de Bay, était auprès de la famille.

L'autre fut occupée par les autorités militaires, civiles, judiciaires, ecclésiastiques : le maire avec le conseil municipal, le préfet, les députés de la Meuse, des hauts représentants de l'armée et des délégués de tous les corps de l'État, des fonctionnaires, etc.

Les autorités de Neuchâtel en Suisse avaient été invitées à la fête et plusieurs délégués y assistaient.

Les gardes nationales de Bar et celles des communes voisines, les officiers vétérans, la gendarmerie et un escadron de lanciers venu d'une garnison rapprochée, tous en grande tenue, formaient le carré autour de la place.

Une foule immense s'y pressait derrière les soldats. En outre, beaucoup de personnes étaient aux fenêtres ou sur les toitures des maisons adjacentes.

Plusieurs discours furent prononcés par le Maire, le Préfet, etc. Le général Victor Oudinot y répondit.

La cérémonie achevée, le conseil municipal tout entier et les chefs des différentes administrations reconduisirent, jusqu'à son hôtel, la famille du Maréchal.

A 3 heures de l'après-midi, un banquet eut lieu sur la promenade du Pâquis (là où s'élève aujourd'hui le Lycée) ; il se termina par de nombreux toasts. 2.000 personnes environ y assistèrent.

« A 8 heures du soir, une illumination générale éclairait la ville de Bar, la place de la Préfecture, la caserne, etc. La place municipale, illuminée en verres de couleur, était assez éclairée pour que l'on pût distinguer encore les traits du Maréchal.

» Un bal, organisé au moyen de souscriptions, termina cette belle journée ».

7.

Lettre de remerciements de la municipalité de Bar-le-Duc au Maréchal Oudinot.

En 1844, les Chambres eurent à discuter les projets d'établissement du chemin de fer de Paris à Strasbourg ainsi que du canal de la Marne au Rhin. Le Maréchal Oudinot et M. Jean-Landry Gillon. député de la Meuse, déployèrent tous leurs efforts pour écarter tous les obstacles qui tendaient à faire éloigner les deux tracés de la vallée de l'Ornain, et pour obtenir que ceux-ci fussent dirigés par la ville de Bar-le-Duc.

Lorsque le résultat désiré fut acquis, le conseil municipal de Bar prit, le 29 juillet 1844, une délibération exprimant toute sa reconnaissance au Maréchal et au Député. Voici la lettre qui fut rédigée à l'adresse du premier :

A Monsieur le Maréchal, duc de Reggio.

Monsieur le Maréchal,

Deux grandes questions ont été résolues en faveur de la ville de Bar-le-Duc : l'ouverture du canal de la Marne au Rhin et la création du chemin de fer de Paris à Strasbourg. Nous devons ce résultat, en grande partie, à l'appui persévérant que votre noble désintéressement vous a fait prêter à nos intérêts. C'est un nouveau bienfait pour le pays que vous avez tant illustré par vos exploits.

Organe fidèle des sentiments de la cité, son conseil municipal éprouve le besoin de vous témoigner sa vive reconnaissance.

Veuillez en agréer l'expression avec les hommages respectueux de vos très humbles et très obéissants serviteurs.

Le conseil chargea le maire de se rendre le jour même à Jeand'heurs pour remettre la lettre au Maréchal et il désigna MM. Collin, Lerouge et Trichon pour l'accompagner.

ADDITIONS ET MODIFICATIONS

P. 26, 5e ligne, *remplacer; par*, après le mot Reggio.

Observation. — Pour le xviie siècle, les registres paroissiaux de Rembercourt-aux-Pots contiennent souvent des indications trop laconiques, ne caractérisant pas nettement les personnes auxquelles se rapportent les faits (naissances, mariages, décès), qui y sont consignés. Ils offrent en outre des lacunes pendant une période assez longue, entre 1638 et 1658.

Il en résulte qu'avec leurs seuls renseignements, la reconstitution des familles est difficile. On est conduit aux hypothèses et c'est ainsi que j'ai été amené, dans la recherche des parents de François Oudinot, à en faire une, page 37, 11e ligne.

J'ai consulté, depuis, aux archives départementales de la Meuse, plusieurs cahiers de comptes des receveurs pour le duc de Lorraine à Rembercourt-aux-Pots. En citant nominativement les chefs de ménage ou « conduits », astreints ou non à des redevances diverses et en particulier au droit « d'assises », ils fournissent, pour la reconstitution des familles, des indications complémentaires à celles des registres paroissiaux.

Les renseignements que j'y ai puisés m'ont fait rejeter l'hypothèse que j'ai formulée sur les parents de François Oudinot. S'ils ne m'ont pas apporté la connaissance indiscutable desdits parents, ils m'ont fourni, à leur sujet, une hypothèse plus vraisemblable, plus admissible que la première. Par suite,

P. 37, 11e ligne, *remplacer* la phrase : « Il m'a paru être... » etc., *par les suivantes :*

Il m'a paru être le dernier ou l'avant-dernier des enfants de Jean Oudinot et de Claudine Mangeot (1).

P. 37, mettre en note au bas :

(1) L'hypothèse s'appuie sur différents actes de parrainage dans des

« *Jean Oudinot et Claudine Mangeot, vefves, ont espousés le mardy xxvj jr avril* » (*1622*).

Jean Oudinot était veuf de Nicole Godet, fille de Nicolas Godet, (laboureur tenant demi-charrue à deux ou trois chevaux), qu'il avait épousée à Rembercourt le 13 février 1621 et qui était morte le 9 août 1621.

Claudine Mangeot était veuve de Paquet Driget, laboureur, qu'elle avait épousé à Rembercourt le 2 juin 1619 et qui était mort le 22 octobre 1620. Elle était née à Rembercourt le 8 juillet 1601 « fille de Paul Mangeot (laboureur tenant demi-charrue) et de Yolande [Morel] sa femme ».

Sur un cahier de comptes du receveur fiscal de Rembercourt-aux-Pots pour l'année 1633 (Arch. Meuse, B. 2843, 5e cahier), on relève que Jean Oudinot avait obtenu, moyennant redevance, « la permission de vendre vin, comme cabaretier audit lieu ».

Il exerça son commerce jusqu'à sa mort, survenue vers 1657. Après lui, sa veuve le continua; elle est inscrite comme « cabaretière » sur les comptes du receveur pour les années 1658 à 1661.

Jean Oudinot naquit à Rembercourt et y fut baptisé le 6 mars 1597. Il est « *fils de Didier Oudinot et de Jeanne, sa femme* ».

Didier Oudinot était cordier; il mourut après 1633. Sa veuve, Jeanne [Garaudel], est morte le 10 mars 1636.

Didier Oudinot *paraît* fils de Cuny Oudinot, décédé à Rembercourt en 1603 et de Claudine sa femme, décédée, au même lieu, le 3 mars 1624.

P. 37, entre la 22e et la 23e ligne, *intercaler :*

François Oudinot est cité sur les comptes du receveur de Rembercourt pour l'année 1667 (Arch. Meuse, B. 2846, 4e cahier), comme un des censiers du domaine du duc de Lorraine audit lieu.

Il fut nommé « *prévôt royal* », pour le roi de France, à Rembercourt, à la suite de l'occupation de la Lorraine et du Barrois par les troupes de Louis XIV. Cette occupation, qui devait durer de 1670 à 1697, introduisit dans les deux États une administration absolument française.

familles issues de Jean Oudinot et de Claudine Mangeot, ainsi que sur la situation de ces familles par rapport à celle d'autres familles Oudinot (reg. par. de Rembercourt-aux-Pots; Arch. Meuse, B. 2841 à 2846, cahiers de comptes des receveurs du duc de Lorraine dans cette localité).

P. 37, entre la 30e et la 31e ligne, *intercaler :*

Marguerite Godard était morte à Rembercourt le 13 septembre 1693.

P. 37, 39e ligne, *lire :* dix-huit enfants.

P. 37, 40e ligne, *lire :* Void (2), et au renvoi au bas de la page, *mettre :* (2) Void :

P. 38, 6e ligne, *lire :*

Jean Oudinot mourut le 18 septembre 1733.

10e ligne, *ajouter :*

Lorsqu'en 1697, la Lorraine et le Barrois furent rendus par Louis XIV au duc de Lorraine, il devint « *procureur fiscal* », pour ce duc, à Rembercourt.

11e ligne, *lire :*

Onze enfants.

P. 39, 17e et 18e lignes, *lire :*

Il advint alors, que le fils aîné Jean Oudinot était, à Rembercourt-aux-Pots, procureur fiscal de S. A. R. le duc de Lorraine et vivait, par...

P. 40, *remplacer* l'alinéa : **IV** JEAN OUDINOT, *par les suivants :*

VI CUNY OUDINOT; ✝ Rembercourt-aux-Pots, 1603 et Claudine, sa femme, ✝ 3 mars 1624.

V DIDIER OUDINOT; cordier à Rembercourt; ✝ entre 1633 et 1636, époux de Jeanne Garaudel, ✝ 10 mars 1636.

IV JEAN OUDINOT; baptisé, Rembercourt, 6 mars 1597; ✝ audit lieu vers 1657; veuf de Nicole Godet ; = Rembercourt, 26 avril 1622, Claudine Mangeot, veuve elle-même, nee le 8 juillet 1601, fille de Paul Mangeot, laboureur, et de Yolande Morel. Il fut cabaretier.

P. 40, paragr. 11[1] JEAN OUDINOT,

12e ligne, *lire :* ✝ 18 septembre 1733.

15e ligne, *ajouter :* puis procureur fiscal du duc de Lorraine.

32e ligne, pour : 3° Claude, *ajouter :* devint chanoine régulier prémontré.

38e ligne, pour 6° : Jeanne, *ajouter :* ✝ Rembercourt, le 5 octobre 1786, « religieuse de chœur des dames annonciades du Monastère de

Clermont-en-Argonne, supérieure et reléguée par obédience de Mgr l'Évêque de Verdun dans sa parenté en ce lieu, âgée de 83 ans ».

Après la dernière ligne, *ajouter :*

8° Pierre, né, Rembercourt, 29 janvier 1706.

P. 41, 1re ligne, *lire :* 9° : Anne-Thérèse Oudinot.

P. 41, renvoi (1) : Enfants de Dominique Hussenot, etc. :

1° *ajouter :* † 14 avril 1738 ;

2° *lire :* Claude-Alexandre; né, Rembercourt, 6 avril 1756; † 18 mars 1739 ;

Lire ensuite :

3° Catherine; etc. 4° et 5° Barbe, etc.; Marie-Anne, etc.

6° et 7° Pierre, etc.; Marie-Anne, etc.

8° Claude-Alexandre, né, Rembercourt, 29 avril 1741.

9° Jean-François, etc.

10° Marie-Anne, etc.

11° Marie-Anne, etc.

P. 42, à partir de la 1re ligne, côté gauche, *lire :*

10° Jean Oudinot; né, Rembercourt, 13 juin 1710 ; † Rembercourt, 21 décembre 1759 ; veuf d'Élisabeth Purson, s'est remarié à Madelaine Varnesson, † Ligny, le 5 frimaire an 6, âgée de quatre-vingts ans. D'où : (du premier mariage), *a* : Élisabeth = Rembercourt, 25 octobre 1757, Nicolas Brichard; (du second mariage), *b* : Jean-Armand; né, Rembercourt, 25 octobre 1756 ; *c* : Dominique, né, Rembercourt, 31 août 1758.

11° Barbe; née, Rembercourt, 29 avril 1711.

12° Firmin, né, Rembercourt, 1er mai 1712 ; † 16 août 1712.

13° Marie-Anne Oudinot, née, etc. ; † Rembercourt, 9 avril 1751 ; = etc.

14° Nicolas-François; ne, Rembercourt, 19 août 1715; † Rembercourt, 7 avril 1716.

15° François; } nés, Rembercourt, { † 17 novembre 1716.
et } le {
16° Jacques; } 9 novembre 1716; { † 22 novembre 1716.

17° François ; né, Rembercourt, 5 avril 1718 ; † Rembercourt, 1er mai 1718.

18° François; né, Rembercourt, 16 août 1719; † Rembercourt, 21 octobre 1719.

P. 42, renvoi (1); enfants de Charles Flise, etc.
Supprimer : 2° Claude-Alexandre, etc.
Donner les numéros 2° à 8° successivement aux autres enfants.
6° *lire :* Christien; né, etc.
8° *lire :* Catherine; née, Rembercourt, 29 décembre 1750, etc.

P. 42, enfants de Jean Vannesson, etc.
Remplacer; par, après les mots : Vaubecourt, Meuse.

P. 44, ligne 21, *mettre,* après le mot Pierrefitte.

P. 46, ligne 7, *lire :* « Nous.

P. 49, renvoi (2), *lire :*
1er bataillon, (quartier de la Neuveville) : etc.
2e bat., (quartier de la Couronne) : etc.
4e bat., (quartier de Notre-Dame) : etc.

P. 65, renvoi (1), *mettre :* après le mot Seine.

P. 68, ligne 21, *mettre,* après Bourbonne (3).

TABLEAU GÉNÉALOGIQUE DE LA FAMILLE OUDINOT.

Dans la colonne des ascendants paternels du Maréchal Oudinot, *supprimer* l'alinéa : Jean Oudinot = Jeanne Garaudel; puis, pour ascendants de François Oudinot, *mettre :*

Cuny OUDINOT,
habitant de Rembercourt-aux-Pots, † 1603,
et Claudine sa femme, † 3 mars 1624.

Didier OUDINOT, cordier à Rembercourt, † entre 1633 et 1636.	et Jeanne GARAUDEL, † 10 mars 1636.
Jean OUDINOT, cabaretier à Rembercourt, 1597-1657;	= en 2es noces, 1622, Claudine MANGEOT, veuve.

François OUDINOT,
etc.

DOCUMENTS HORS TEXTE

Nota. — J'aurais désiré appuyer ce travail par un portrait de la première Maréchale, Françoise-Charlotte Derlin. Je n'ai pu me le procurer.

TABLE DES MATIÈRES

ANNEXE

BAR-LE-DUC. — IMPRIMERIE CONTANT-LAGUERRE.

IMPRIMERIE
CONTANT-LAGUERRE
LUX VITAM
BAR-LE-DUC

www.ingramcontent.com/pod-product-compliance
Ingram Content Group UK Ltd.
Pitfield, Milton Keynes, MK11 3LW, UK
UKHW031913260826
14628UKWH00003B/1158

9 782329 095899